ブックレット〈書物をひらく〉2

漢字・カタカナ・ひらがな

表記の思想

入口敦志

平凡社

漢字・カタカナ・ひらがな——表記の思想［目次］

はじめに

「読み書きそろばん」ということばがある。文章を読み、文字を書き、そろばんを用いて計算すること、すなわち教育によって身につけるべき基本的能力のことである。しかし「聞き話し」とはいわない。聞くこと話すことは、教育の機会の有無にかかわらず、人間であれば自然に学習し身につけることができるあたりまえのことと考えられている。だから、わざわざ「聞き話し」などとはいわないのだろう。文字を持たない人々も、ことばを聞いて話すことはできる。ことばとはその発生から長い間、聞いて話すこと、つまり音声によるものであった。

音声によることばであれば、身分や階層の上下にかかわらず、相互に意思の疎通ができる。身分に応じた上品なことば、下品な言い回しなどがあるにしても、基本的な会話はなりたつはずだ。しかし、読み書きの能力は、教育を受けなければ習得することができない。教育を受ける機会の有無によって差異が生じるため、身分や階層によって文字を扱う能力には大きな開きができる。

日本語の表記は複雑である。漢字、カタカナ、ひらがなの三種類の文字を使って表記する。さらには、漢字カタカナ混じり、ひらがな漢字混じりなど、それぞれを組み合わせた表記法も用いられるといった具合である。漢字だけの漢文を読める階層、ひらがなしか読めない身分など、用いる文字によって身分や階層が分かれていると言うことができる。漢字、カタカナ、ひらがなをどう用いるかは、単純な文字の選択の問題ではなく、その背景に人間社会の構造が深く関わっている。文字に身分があると言ってもよい。

つまり、書かれた文章の内容もさることながら、そこで選択された表記そのものに思想があり、社会的背景があるのだ。本書では、表記に現れた思想や社会的背景について考えてみたい。

一▶『古今和歌集』の意義

平成二十三年（二〇一一）平安京右京の藤原良相《よしみ》邸推定地から九世紀後半のひらがなを墨書した土師器《はじき》が出土した。そのうちの一枚に書かれた文字（図1）は、一部「かはらけの」「すきなひとにくしとおもはれ」と解釈できるという。藤原良相は貞観九年（八六七）に没しているので、その頃のものと推測されてもいる。

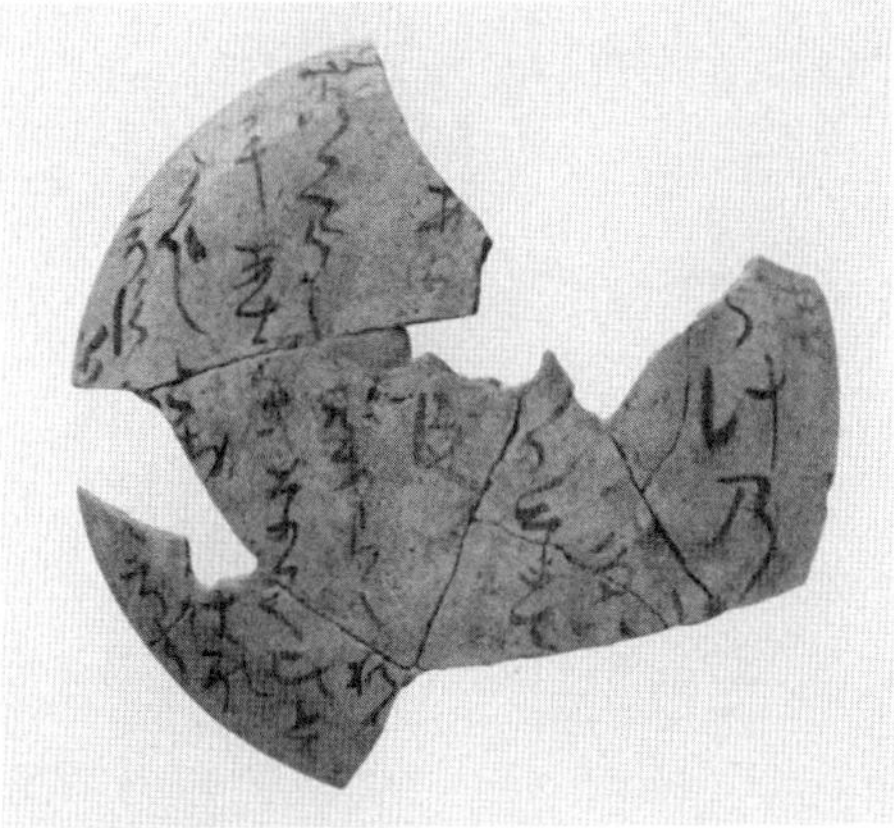

図1　土師器に残るひらがな

そうすると、現存するものでも最古級のひらがなということになる。山口謡司氏は、「天皇家の男子に嫁ぐ藤原家の女性たち、藤原家による外戚関係が始まることによって、初めて〈ひらがな〉による洗練された和歌や和歌文学の世界が発達していく」とし、その流れに位置づけられる良相の邸宅からこういうものが見つかったことを興味深いこととしている。山口氏はひらがな

平安京右京　平安京の中央を南北に貫く朱雀大路《すざくおおじ》から西側の半分を指す。天皇は南に向かって座る（南面）ので、天皇から見て右側を右京と呼ぶ。

藤原良相邸推定地　右京三条にあたり、良相の西三条第《てい》にあたるとされている遺跡。良相は学識の豊かな人で、『続《しょく》日本後紀』などの編纂にも関わった。

土師器　古墳時代から平安時代まで製作された素焼土器の総称（『日本国語大辞典』）。

一部「かはらけの」……　『京を発掘！出土品から見た歴史——京都市埋蔵文化財研究所発掘現場より』（京都市埋蔵文化財研究所、二〇一五年）。

藤原良相は……　山口謡司『〈ひらがな〉の誕生』（中経の文庫、二〇一六年）。

の生成と発展について、その背景として政治や社会の状況と関わらせながら論じているが、たいへん重要な論点であると考える。

万葉仮名からひらがなへ

その土師器に書かれた文言は「すきなひとにくしとおもはれ」とあり、色恋を想像させる艶《つや》っぽいものである。後述するが、本居宣長《もとおりのりなが》が、ひらがなで書かれた『源氏物語』の意義を、恋によって引きおこされるさまざまな感情を集めたものであるとすることとも響き合う。ひらがなはその誕生から、人の情を表現していたともいえようか。

漢字の伝来以来、中国語とは違う日本語の発音を表記するために、さまざまな工夫が凝らされてきたのだが、それが万葉仮名であった。漢字の音を用いた〈音《おん》仮名《がな》〉、訓を用いた〈訓仮名《くんがな》〉などで日本語を表記するものである。図2『新撰《しんせん》万葉集《まんようしゅう》』▲（図2）の第一首めは、

水之上丹文織紊春之雨哉
山之緑緒那倍手染濫

『新撰万葉集』 菅原道真によって選ばれた私撰詩歌集。和歌を万葉仮名によって表記し、その歌意を七言絶句の漢詩に訳して併記するところに特徴がある。

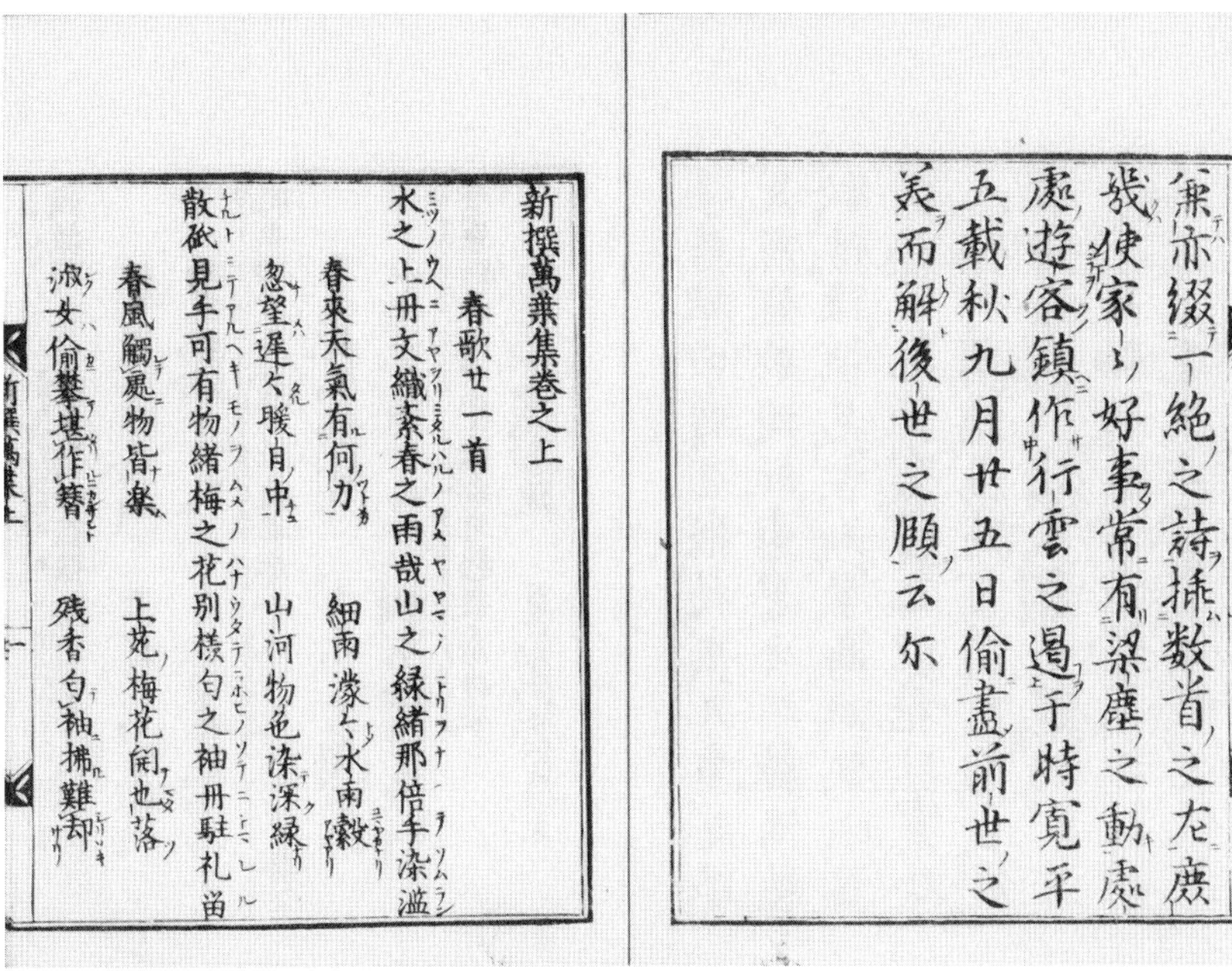

図２　寛文７年版の版本『新撰万葉集』

と万葉仮名で表記されている。これは、

みずのうえにあやおりみだるはるのあめや
やまのみどりをなべてそむらん

と読む。音仮名は「丹（に）」「緒（を）」「那（な）」「倍（べ）」のようなもので、漢字の意味とは関係なく、その音だけを借りているもの。訓仮名は「之（の）」「哉（や）」「手（て）」のように、これも漢字の意味とは関係なく、訓読みの音だけを借りて表記しているものを指す。「水」「上」「文」などは、漢字を訓読みしているもので、これは仮名ではない。このような万葉仮名を用いて、『古事記』『日本書紀』の歌謡や『万葉集』が書かれている。その万葉仮名が次第に草書で書かれて草仮名となり、さらに簡略化されて、ひらがなとなる。

しかし、万葉仮名は文字としては漢字であり、日本固有の文字ではない。表記された文字だけをみれば、漢文と変わりはないことに注意したい。ここでは、九世紀中頃から、ひらがなが使われはじめたということを確認しておこう。

『寛平御時后宮歌合』から『新撰万葉集』へ

ひらがなが使いはじめられて間もなく、大きな歌合《うたあ》わせが行われた。『寛平御《かんぴょうのおん》時后宮歌合《ときのきさいのみやのうたあわせ》』である。寛平元年から五年（八八九―九三）の間に成立したとされる。この歌合わせからは、菅原道真《みちざね》が編纂した『新撰万葉集』（寛平五年（八九三））に百七十首もの歌が採られており、関わりがあったようである。その『新撰万葉集』の漢文の序文には次のような記述がある。

当今寛平聖主万機余暇挙宮而方有事合歌後進之詞人近習之才子各献四時之歌初成九重之晏又有余興同加恋思之二詠

（寛文七年版『新撰万葉集』による）

「宇多《うだ》天皇の御代《みよ》、政務の余暇に、宮廷こぞって歌合わせを行うことがあった。後進の詞人や近習《きんじゅ》の才子は、各々四季の和歌を献上し、初めて宮中の宴《うたげ》となった。その折、余興あって、同じく恋思の二詠を加えた」のだという。『寛平御時后宮歌合』も春夏秋冬の四季と恋の部立《ぶだて》▲からなっており、この序文の記述と照応する。そうすると、この歌合わせは宇多天皇の強い意志によって開催されたことになる。しかし、興味深いのは歌合わせの主催が「后宮《きさいのみや》」となっていることである。この后宮が誰を指すのかは二説あるようだが、いずれにせよ天皇ではなく后が主催のかたちをとっていることは動かない。天皇が和歌の会を催すことになにか不都合

部立　和歌集の編集に際し、分類を用いて配列すること。『古今和歌集』では、春、夏、秋、冬、賀、離別、羇旅《きりょ》、物名《もののな》、恋、哀傷、雑《ぞう》などに分類する。なかでも恋は全二十巻中五巻があてられている。

七言絶句　漢字七文字を一句として、四句二十八文字で構成された漢詩。

でもあったのだろうか。

また、『新撰万葉集』は図2でわかるように、万葉仮名で表記されている。『寛平御時后宮歌合』はもともとひらがなで書かれていたようであるから、それに基づいて編集された『新撰万葉集』は、わざわざ万葉仮名に直したということになるのだろうか。さらに和歌一首ずつについて、それを漢訳した七言絶句《しちごんぜっく》▲が添えられており、漢字寄りの編集である。最初期のひらがなは、既に紹介した土師器に書かれたものや、あるいは書状などの例が多く、公的なものというよりは私的な用途に使われていたようである。文学に関しては、勅撰集という公的な撰集は九世紀までは『凌雲集《りょううんしゅう》』（弘仁五年（八一四）、嵯峨天皇）、『文華秀麗集《ぶんかしゅうれいしゅう》』（弘仁九年（八一八）、嵯峨天皇）、『経国集《けいこくしゅう》』（天長四年（八二七）、淳和天皇）の三つの漢詩集だけであった。ここにも漢字だけを用いた漢詩こそが第一義であるという意識があらわれているだろう。『新撰万葉集』の編纂はひらがなが使われはじめてまだ間もない時期でもあり、ひらがなが公的なものとして認められなかったのではないかと推測する。

『新撰万葉集』が勅撰だったら

あくまで仮にであるが、『新撰万葉集』が勅撰になっていたとしたら、その後

真名本　真名（真字とも書く）、すなわち漢字だけで書かれた書物をいう。『伊勢物語』の場合、真名本は万葉仮名で表記されている。後述する『平家物語』の真名本は漢文。

の日本語の表記は現在とは大きく違っていたかもしれない。後続の勅撰和歌集も前例にならって万葉仮名で表記されることになっていただろう。そうすると、ひらがなで表記されるものはかなり限られた範囲に止《とど》まることになったのではないかと空想する。例えばちょうどこの頃、九〇〇年前後に成立したとされる『伊勢物語』のような物語も、後に偽作されることになる真名本《まなぼん》▲のように万葉仮名で表記したものとして成立したかもしれない。あの『源氏物語』が全文漢字で表記されていたとしたら、すでに一瞥《いちべつ》した時点で印象は全く違ったものになっていただろう。万葉仮名でも感情の微細な動きは表現できただろうか。単に漢字とひらがなとを置き換えたというだけではすまないような違いがでてくるように思うのである。

しかし、実際にはそうはならなかった。最初の勅撰和歌集は『古今和歌集』であり、ひらがなで表記されていたからである。

『古今和歌集』の背景

最初の勅撰和歌集である『古今和歌集』は醍醐《だいご》天皇の勅命によって編まれ、延《えん》喜《ぎ》五年（九〇五）に奏覧された。その成立年代については古来諸説あり一定しないが、本書では延喜五年奏覧としておきたい。前述したように『新撰万葉集』の時点では、ひらがなで書くことに何か抵抗があったように思われるのであるが、それからわずか十二年後にひらがなで表記した和歌集が、しかも勅撰集として成立するのである。

この間の大きな出来事をみてみよう。

寛平六年（八九四）　遣唐使廃止
寛平九年（八九七）　宇多天皇退位、醍醐天皇即位
昌泰《しょうたい》四年（九〇一）　昌泰の変、菅原道真左遷
延喜七年（九〇七）　唐滅亡（中国暦では天佑《てんゆう》四年）

さしもの唐王朝も滅亡に向かい、遣唐使も廃止される。宇多天皇は道真を重用すべきことを説いた『寛平御遺誡《かんぴょうのごゆいかい》』を与えて醍醐天皇に譲位するものの、道真は左遷されて中央での影響力を失ってしまう。わずか十二年間とはいえ、国内外ともに大きな変革が起こっていた。唐の滅亡による中国離れ、道長の左遷に象徴される漢学離れのようなことが起こっていたのではないだろうか。そういう時代背景の中で『古今和歌集』が編まれたと考えたいのである。

漢字文化圏の民族固有文字

ここで少し目を転じて、中国周辺の民族固有文字をみてみよう。

「漢字文化圏」という言い方がある。漢字を使う中国はもちろんのこと、中国をとりまく周辺の異民族も、漢字をとりいれて使っていた。そういう漢字の影響を受けた文化のことをいう。漢字を取り入れただけではなく、漢字で書かれた漢文を文法の異なる民族固有のことばに適した読み方で翻訳する工夫が必要であった。いわゆる漢文訓読である。そこで「漢文文化圏」という考え方も提示されている。また、「漢字文明圏」という言い方もある。中国の影響は文化だけでなく、政治、法律、制度、技術など全般にわたっているのだから、「文明圏」といったほうがより正確かもしれない。

しかし一方で、周辺民族は次第に独自の文字を持つようになる。ここで、特に漢字の影響を受けながら新たな固有文字を作り出した国々を概観してみたい。

固有文字の制定

漢字を利用しながら工夫を重ね、漢字と併用するかたちで新たな文字を作り出したのは日本とベトナム。したがって、制定者や制作者の個人名は特定されていない。自然発生的にできたものであろう。それ以外の国に関しては、文字を作ら

「漢文文化圏」 金文京『漢文と東アジア――訓読の文化圏』（岩波新書、二〇一〇年）。

「漢字文明圏」 西田龍雄『漢字文明圏の思考地図』（二十一世紀図書館、PHP研究所、一九八四年）。

ベトナム チュノムはベトナムの固有語を表記するために、漢字あるいは漢字の一部を組み合わせて作られている。ちなみにチュノムで「チュノム」は「𡨸喃」と書く。漢字チュノム混じり文は「漢喃（ハンノム）」と呼ぶ。

国号	文字	制定年	制定者	制作者
日本	ひらがな	九世紀中頃		
〔『古今和歌集』		九〇五年	醍醐天皇	紀貫之《きのつらゆき》、等〕
遼	契丹《きったん》文字	九二〇年	耶律阿保機《やりつあぼき》（大字）	
		九二四年頃	耶律迭剌《やりつてつら》（小字）	
西夏	西夏《せいか》文字	一〇三六年	李元昊《りげんこう》	野利仁栄《やりじんえい》
金	女真《じょしん》文字	一一一九年	完顔阿骨打《わんやんあくだ》（大字）	完顔希尹《わんやんきいん》
		一一三八年	熙宗《きそう》（小字）	
ベトナム	チュノム	十三世紀頃		
朝鮮	ハングル	一四四三年	世宗《せいそう》	申叔舟《しんしゅくしゅう》、等
清	満州文字	一五九九年	ヌルハチ（無圏点字）	エルデニ、カガイ
		一六三二年	ホンタイジ（有圏点字）	ダハイ

せた人物と制定された年記、および制作にあたった人物の名前がはっきりしている点がたいへん興味深い。いずれも皇帝が命じて作らせており、文字自体が欽定なのである。それぞれの民族によって事情は異なるであろうが、中国から自立した民族の独自性を主張するものとして、固有の文字を持とうとしたと考えられよう。梁、西夏、金においては、建国とともに初代の皇帝が制定していることがそ

宮崎市定氏の指摘　宮崎市定『中国史』上下（岩波文庫、二〇一五年／初出は岩波全書『中国史』、一九七八年）。

のことを端的に示している。

一方、日本の朝廷は、固有文字を制定したり認めたりということをしてはいない。しかし『古今和歌集』の勅撰は、実質的にひらがなを国の固有文字として国家が認めたということを意味するのではないか。その仮名序はひらがな宣言ともとれる。民族固有の文字の公認という視点で『古今和歌集』勅撰の意味を捉え直してみれば、日本においても中国周辺の漢字文化圏の国々と同じように、中国から独立した一個の文化を築いたという自負を持ったことによるものではなかったか。しかも宮崎市定氏の「このような民族文字の成立を、民族主義の発生の一標幟《ひょうし》として見るとき、日本における仮名文字の成立は年代的に見て非常に早い」という指摘のとおり、万葉仮名の発生から考えれば、突出して早いといえる。しかし、漢字の運用ではなく固有文字として見た場合、ひらがなの使用は九世紀半ばからであり、『古今和歌集』の勅撰をひらがな公用のはじまりととれば、契丹文字の成立とほぼ同時期である。宮崎氏はこの時代を「民族主義の時代」と位置づけるが、日本もその潮流の中にあったのである。

仮名序と真名序

『古今和歌集』には「真名序」とともに「仮名序」も添えられている。真名序は紀淑望《きのよしもち》が、仮名序は紀貫之が執筆したとされている。
その冒頭をみてみよう。

真名序　紀淑望

それ和歌は、其《そ》の根を心地に託《つ》け、其の華《はな》を詞林に発《ひら》くものなり。人の世にある、無為なること能《あた》はず。思慮遷《うつ》りやすく、哀楽あひ変はる。感は志に生《な》り、詠は言に形《あら》はる。こゝをもちて、逸せる者は其《そ》の声楽しみ、怨ぜる者は其吟悲しむ。もちて懐《おもひ》を述べつべく、もちて憤《いきどほり》を発しつべし。天地を動かし、鬼神を感ぜしめ、人倫を化し、夫婦を和《やはら》ぐること、和歌より宜しきは莫《な》し。［中略］夫《か》の、春の鶯の花中に囀《さへづ》り、秋の蟬の樹上に吟ずるがごとき、曲折無しといへども、各《おのおの》歌謡を発す。物皆これあり、自然の理なり。

（『日本古典文学大系　古今和歌集』による読み下し）

仮名序　紀貫之

やまとうたは、ひとのこゝろをたねとして、よろづのことの葉とぞなれりける。世中にある人、ことわざしげきものなれば、心におもふことを、見るもの、きくものにつけて、いひいだせるなり。花になくうぐひす、みづ［水］にすむかはづ〔蛙〕のこゑをきけば、いきとしいけるもの、いづれかうたをよまざりける。ちからをもいれずして、あめつちをうごかし、めに見えぬ鬼神をも、あはれとおもはせ、おとこ女のなかをもやはらげ、たけきものゝふのこゝろをも、なぐさむるは哥なり。

（『日本古典文学大系　古今和歌集』による）

両者を比べると、真名序は漢字だけ、仮名序はひらがなを主として用いていることはもちろんであるが、相互に関係を持ちながらも内容が微妙に異なっている点が面白い。例えば、真名序の「樹上の蟬」は、仮名序では「水に住む蛙」に変わっているし、真名序の「人倫を化し」に対応するのだろうか、「たけきものゝふのこゝろをもなぐさむるは哥《うた》なり」の一文が仮名序に補われている。漢文をやまとことばで敷衍《ふえん》しながら説明しているといえるだろう。

漢文と和文の表現の違い

両者の対応の中で特に注目したいのは、真名序の「思慮遷りやすく」以下「憤りを発しつべし」までが仮名序では全く触れられていないことである。変転を繰り返す人の悲しみや楽しみの感情は、ことばとなって表出される。これは『詩経』の大序「在心為志、発言為詩、情動於中、而形於言」を踏まえたものだという。人間の心情の発露が詩だというのだ。しかし、そういう人としての楽しみ、怨み、悲しみ、憤りのような感情について仮名序では説明されない。日本人にだってそういう感情があるはずである。やまとことばでも「たのしみ」「うらみ」「いきどおり」などということはできる。しかし、和歌や和文にあってはそういう生《なま》の感情を直接的に表出することを避ける傾向があるように思うのである。現に『古今和歌集』の恋の部の歌をみても、悲しいとかうれしいとか直接的にいうことはほとんど見られない。なにかによそえて、それとなく悲しい感情をにおわせるというような、抑制的な表現方法をとる。極端な誇張表現をとる白髪三千丈▲の漢詩の世界とは随分違っているのだ。

仮名序でのこの部分の省略は、そういう中国と日本との表現方法の違いを意識してのことではなかっただろうか。それは漢字とひらがなとを用いたそれぞれの詩歌の表現の違いとして表面に現れるものであって、単に内面のあり方が違うというだけではない。内面と表記とはなにかしら関係を持っていると考えたいのである。

白髪三千丈　唐の詩人李白の五言絶句「秋浦歌」の一句。誇張表現の典型のようにいわれる。

仮名序の意義

最初の勅撰和歌集である『古今和歌集』の序が和文で書かれたことの意味は大

きいと考える。公式のものは漢文であった時代に、勅撰集撰進の状況、和歌の歴史、歌人の評価、和歌の種類など、評論的な文章を、漢語を交えずほぼやまとことばだけで書き得ている。紀貫之の力作というべきであろう。『詩経』の六義《りくぎ》▲を採り入れた歌体論の部分には、無理をしているような印象もないではないが、それ以外の部分はよく書けていると思う。内容については、後代への影響も大きく、高く評価されている。ひらがなで書かれた文章が、感情の表現にかたむく傾向があるなかで、論理的ともいえる内容を、やまとことばだけを使って書いている点、もっと評価してよいのではないだろうか。

『土佐日記』の自筆本と写本

紀貫之にはもうひとつ意欲作がある。『土佐日記』である。

男の漢文日記に対して、女に仮託したひらがなの日記として構想されたもの。承平四年（九三四）土佐守《とさのかみ》としての任を終え、十二月二十日の土佐出発から、翌年二月十六日に京都の自邸に着くまでの日記である。ここでは、そのかたちに注目してみたい。

貫之自筆本とされるものが、室町時代まで伝わっていた。よって、その自筆本から、数次にわたって書写が行われ、写本が残っている。最も古い写本は、藤原

六義　『詩経』での内容による分類。風、賦、比、興、雅、頌の六種類。『古今和歌集』「仮名序」では、そへうた、かぞへうた、なずらへうた、たとへうた、ただごとうた、いはひうた、として、それぞれに例となる和歌を添えている。

定家《さだいえ》が文暦二年（一二三五）五月十二日と十三日の二日間で写したもの。現在尊《そん》経閣《けいかく》文庫に所蔵されている。次の年、定家の子為家《ためいえ》が同じく貫之自筆本を書写した。これは現在大阪青山学園の所蔵となっている。その為家本を忠実に写した青《せい》谿書屋《けいしょおく》本は東海大学が所蔵している。その後室町時代に、やはり貫之自筆本から松木宗綱と三条西実隆《さねたか》が写本を作っている。

そのうち定家の写本には、末尾に貫之自筆本の形態について記した奥書があり、貴重である。

貫之自筆本『土佐日記』のかたち

定家の奥書には次のように書かれている。

文暦二年乙未五月十三日乙巳老病中雖眼如盲不慮之外見紀氏自筆本蓮台院宝蔵本
料紙白紙不打無堺高一尺一寸三分許広一尺七寸二分許紙也廿六枚無軸
表紙続白紙一枚端聊折返不立竹無紐
有外題　土左日記貫之筆
其書様和歌非別行定行に書之聊有闕字歌下無闕字而書後詞

尊経閣文庫　加賀藩主前田家の蔵書を収めた文庫。

青谿書屋　大島雅太郎の蔵書。大島は戦前の三井財閥の要職をつとめた人物で、和歌をよくし、膨大な蔵書を蒐集していた。

松木宗綱　室町後期、中御門家支流の公卿。従一位、准大臣。生没一四四五―一五二五年。

三条西実隆　室町後期の公卿。多くの古典文学作品を書写、研究した。生没一四五五―一五三七年。

不堪感興自書写之昨今二ケ日終功　桑門明静

かたちに関わる部分をまとめてみると、

料紙は打ち紙でない白紙で、罫線は引かれていない。

料紙一枚は、高さ一尺一寸三分、幅一尺七寸二分。

その紙を二十六枚貼り継いだ継紙《つぎがみ》で、軸は付いていない。

表紙には別に一枚紙を貼り継ぐ。端を少し折り返しているが、竹と紐は付けていない。

表紙に外題が次のように書かれている。土左日記　貫之筆。

仮に一尺を三〇・三センチとして計算してみると、一枚の紙は縦三四・二センチ、横五二・一センチとなる。五ミリののりしろで二十六枚継ぐと、全長一三四二・一センチもの長さとなる。それにさらに表紙が一枚加わる。外題に「土左日記　貫之筆」と書かれていたとすると、題名は後の人が付けたものということに、「土左日記」と書かれていて、定家がその文字について「貫之筆」と注記したとすると「土左日記」という題名は貫之が付けたものということになる。

自筆本の大きさと写本の小ささ

定家の奥書から、貫之自筆本はかなり長大な継紙であったことがわかる。例えば藤原道長自筆の『御堂関白記』など、男によって書かれた漢文の日記は巻子本《かんすぼん》であった。貫之自筆の『土佐日記』も、それに匹敵するような大きさとかたちを持っていたということができる。

ところが、それを写した定家本も為家本も、どちらも列帖装《れつじょうそう》六つ半枡形本《ますがたぼん》▲といわれる小さな本になっている。このかたちは多くひらがなの物語などを写す場合につかわれるものである。であれば、定家も為家も、『土佐日記』をひらがなの物語類と同じようにあつかったということになるのではないか。漢文で書かれた男の日記は、写本にされる場合にも大きな本に写されることが多い。定家自身の日記『明月記』も巻子本である。もちろん漢文で書かれている。貫之が選択したかたちは、男の漢文日記と同じ巻子本のかたちであった。しかし、定家をはじめとする後代の人々は、『土佐日記』を漢文日記とは同等にはあつかわなかったわけだ。ここには漢字とひらがなをめぐる位相の差異がみられるのである。

もう一点、定家本の奥書が漢文であることにも留意すべきだろう。例えば『源氏物語』のようなひらがなの物語でも、その写本の奥書は決まって漢文であった。ひらがなで状況や経緯を説明することはほとんどないのだ。公式のものは漢文で

枡形本　ほぼ正方形の本をいう。定家筆『土佐日記』は縦一五・九×横一五・五センチメートルの大きさ。

あるという伝統はなかなか消えることはない。

視点を変えて見てみると、『古今和歌集』の序をひらがなで書いたこと、女性に仮託したひらがなの『土佐日記』を大きな巻子本に仕立てたことなど、貫之はひらがなで書かれた書物の地位を漢文並みにしようとしていたようにも思われる。中国周辺諸国の建国の皇帝たちが、固有の文字を創出したことと同じような気概さえ感じるのである。

二▼四つの『平家物語』

この行長入道、平家物語を作りて、生仏といひける盲目に教へて語らせけり。さて、山門のことを、ことにゆゆしく書けり。九郎判官の事はくはしく知りて書き載せたり。蒲冠者《かばのくわんじや》の事は、よく知らざりけるにや、多くのことどもを記しもらせり。武士の事、弓馬のわざは、生仏、東国のものにて、武士に問ひ聞きて書かせけり。かの生仏が生れつきの声を、今の琵琶法師は学びたるなり。

（『日本古典文学全集　徒然草』による）

『平家物語』の成立にふれる、『徒然草』第二百二十六段の一節である。信濃前司《しなののぜんじ》行長《ゆきなが》が作り、盲目の生仏《しょうぶつ》に語らせたという。生仏は盲目であるのだから文字は読めない。行長が口伝《くちづ》てに教えたものと思われる。『平曲《へいきょく》』といわれるように、語り物としての成立を物語るものとして重要な記事である。しかし、一方で「ゆゆしく書けり」「書き載せたり」「記しもらせり」などと、文字をもって書いたということも同時に示されている。さらには「生仏、東国のものにて、武士に問ひ聞きて書かせけり」とあるように、文字を持たない盲目の生仏が、自分が聞き知っていることを行長に教えて書かせたともある。『平家物語』は、聞くものであったのか、読むものであったのか。音声と表記、両者が相互に関係しながら、渾《こん》然《ぜん》一体となって生成したことを示していて、興味深い。

真名本

『平家物語』は、その表記の面だけをとりあげてもたいへん興味深い作品である。漢字だけで書かれた漢文の本（真名本《まなぼん》）、漢字カタカナ混じりの本（カタカナ本）、ひらがな本、さらにはローマ字の本まである。日本語の表記の多様性を一身に体現しているといってもよいだろう。

図3は漢文で書かれた真名本である。

祇園精舎鐘声、有諸行無常響、
沙羅双樹花色、顕盛者必衰理。
奢人不久、如春夜夢、
武者終滅、同風前塵。
遠訪異朝、秦趙高、漢王莽、梁周異、唐禄山、
此等皆不随旧主先皇政、不諷諫、不悟天下乱事、

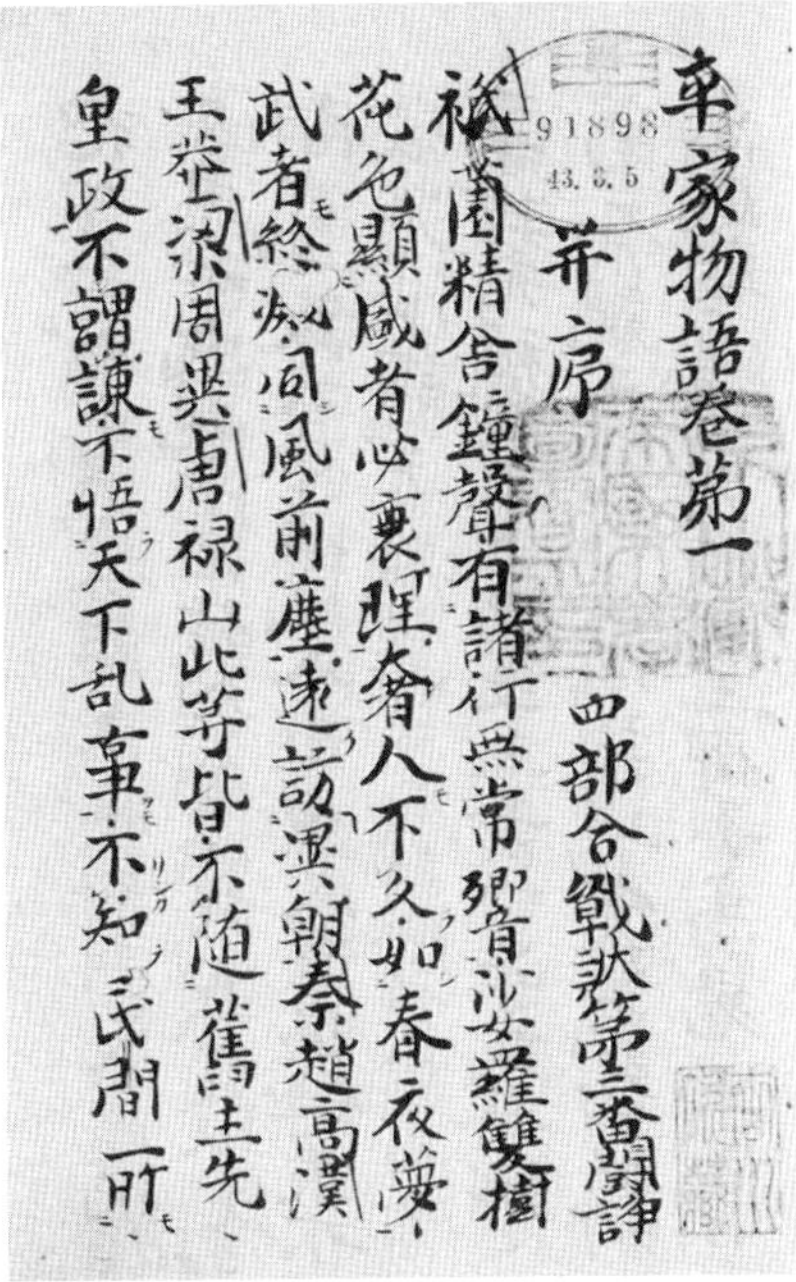
図3　真名本『平家物語』

不知民間所愁、不久亡者。
近尋本朝、承平将門、天慶純友、康和義親、平治信頼、奢心武事有取々、
間近、太政大臣平朝臣清盛入道申人有様、伝承不被及心詞矣。

こう並べてみると、一行目と二行目、三行目と四行目とが対句として作られていることがよくわかる。漢詩句として韻を踏んでいるかどうかは私には分からないが、漢文の表記としてはきちんと整えられているのだ。

音声のほうからみてみると、「ぎおんしょうじゃの、かねのこえ、しょぎょうむじょうの、ひびきあり」というように、およそ七五調のリズムで読めるようにできている。表記としても、音声としても整っているわけで、音声と表記とが相互に関係しながら、一体となっていることをよく示している文章だろう。そういう点で『徒然草』の記事とよく照応しているといえる。

和漢混交文

『平家物語』は和漢混交文の典型とされるのだが、その混交のあり方は一様ではない。

「祇園精舎の鐘の声」から「盛者必衰《じょうしゃひっすい》の理《ことわり》を顕《あらわ》す」までは、漢訳仏典からの漢

字の熟語を並べて、世の無常をいう。まさに和漢が混交した文章となっている。次の「奢人不久」からは、「おごれるひともひさしからず、はるのよのゆめのごとし、たけきもののもついにはほろびぬ、かぜのまえのちりにおなじ」と読む。こう読むとこの文章はやまとことばだけでできており、漢語は一つも使われていない。混交といっても、部分的にその混交の度合いが違っているのである。

例えば前半の「顕盛者必衰理」は漢字音を残さないで「さかんなるものもかならずおとろえるとのことわりをあらわす」と読むこともできたはずである。また、後半の「同風前塵」など、「ふうぜんのちりにおなじ」と漢字音を残して読んでも違和感はない。しかし、一般にはそのようには読んでいない。前半は漢文の趣《おもむき》を残しながら混交文として、後半はやまとことばだけの和文として読む。後半は和文の音声がもとにあって、それを漢文の表記に移していったと考えられよう。おそらく、読みのリズムが関わっていると思われるが、単に意味だけをとってているわけではないようにみえる。ここにも音声と表記との響き合いが見てとれる。

文選読み

日本独特の漢語の読み方に、〈文選《もんぜん》読み〉というものがある。平安時代に行わ

『文選』 中国六朝時代、梁の昭明太子が撰述した、古代周から梁までの詩文集。『白氏文集』と並び、古代から日本で最もよく読まれ影響を与えた書物。

れたもので、『文選』▲に多用されたことからの呼び名である。よく知られた子守歌の歌詞に「でんでん太鼓《だいこ》に笙《しょう》の笛」というのがあるが、その「しょうのふえ」がまさに文選読み。漢語を読むときに、まず音でよみ、そのあとに助詞の「の」か「と」をはさんで、その後に訓で読む。「笙の笛」で説明すると、「笙」をまず音で「しょう」と読み、その後に「の」をはさんで訓の「ふえ」を置き、「しょうのふえ」と読む。文選読みは熟語の単位での読み方であるが、『平家物語』の冒頭は、それを文章単位にしたようなものと考えれば良いだろう。前半が漢文、後半がそれを意訳敷衍した和文。

どういう階層の人たちが『平曲』の語りを聞いていたのかにもよるだろうが、漢語の「祇園精舎」や「沙羅双樹」を音で聞いて分からなくても、後半でその文脈の大体の意味を「たけきものもついにはほろびぬ」と繰り返すわけで、おおよその意味はだれにでもわかるようにできているのだ。笙を知らなくても、「笙の笛」といえば、笙が笛の一種であることを理解できるのと同じ構造をとっているといえる。

文学研究は、研究対象となる作品を作者の意図通り、完全に理解することを目的としている。その基礎となるのが注釈という作業である。しかし、享受を考える場合には、読者のレベルをさまざまに想定して、わからないままに読んでいた、あるいは聞いていたということも考慮する必要があるのではないか。『平家物語』は読むものでもあり、また、聞くものでもあった。読者と聞き手では、その知識のレベルは相当に違っていたはずである。作り手の側も、そういうことはよくわかっていたと思われる。だからこそ、冒頭部分のような工夫があったと考えるのだ。

規範としての中国

構成としてみると、冒頭部分には漢から和へという構造が見える。さらにそれに続けて「遠く異朝をとぶらうに」と中国の逆臣《ぎゃくしん》たちをあげ、その後に「近く本朝をうかがうに」と日本の逆賊を列記する。ここにも漢から和へという構造がある。前例はすべて中国にあるのだ。このように日本で起こった事件を解説するために、中国の例を引用することは、日本の文献において多くみることができる。古くはすでに『日本書紀』をはじめとする六国史《りっこくし》▲にみられるし、『平家物語』や『太平記』にも数多い。

この構造は表記についてもいえる。漢文が規範であり、ひらがなの文章はそれをわかりやすく敷衍したもの、漢文が主、和文が従なのである。

六国史　奈良、平安時代に編纂された官撰の国史。『日本書紀』『続日本紀』『日本後紀』『続日本後紀』『日本文徳天皇実録』『日本三代実録』の六種。

カタカナ本とひらがな本

図4のカタカナ本と図5のひらがな本は、ともに古活字版として出版されたものである。古活字版についての説明は次章にゆずるが、どちらも十七世紀の初頭、ほぼ同時期に刊行されたものである。どうして同時代にこの二種類が必要だったのだろうか。

私はギャラリートークや講義の折、題名を隠してこの二つの図を示し、これはなにかと聞くことにしている。対象が小学生や中学生であっても、すぐに『平家物語』という答えが返ってくる。古典離れといわれるが、冒頭の一文は今でもよく知られているわけで、少し安心もする。それはさておき、ではどちらで分かったかと尋ねると、必ずカタカナ本であるという。現在の私たちにとっては、楷書の漢字とカタカナとで書かれたもののほうが読みやすいのである。ほとんどひらがなで書かれているとはいえ、くずし字は読みにくいのだ。

出版された時代には、ひらがな本のほうがよりやさしいものとして認識されていたと考えられる。漢字の多いカタカナ本は読みづらいものではなかったか。あるいは、前述したような音声と表記との問題が関わっているかもしれない。音声に重きを置くひらがな本に対して、表記に重きを置くカタカナ本、真名本という構図。音声寄りの享受と表記寄りの享受。それぞれの本を享受する人々の位相に

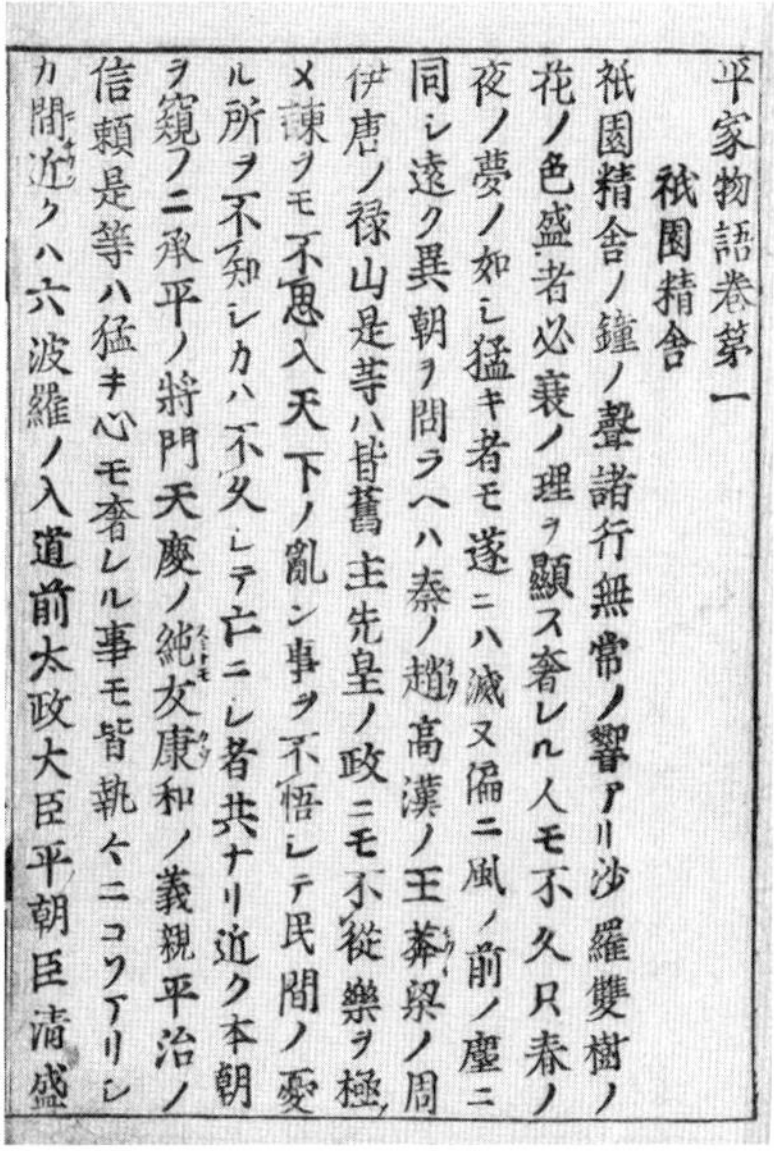

平家物語巻第一
祇園精舎
祇園精舎ノ鐘ノ聲諸行無常ノ響アリ沙羅雙樹ノ
花ノ色盛者必衰ノ理ヲ顯ス奢レル人モ不久只春ノ
夜ノ夢ノ如シ猛キ者モ遂ニハ滅ヌ偏ニ風ノ前ノ塵ニ
同シ遠ク異朝ヲ問ヘハ秦ノ趙高漢ノ王莽梁ノ周
伊唐ノ禄山是等ハ皆舊主先皇ノ政ニモ不從樂ヲ極
メ諫ヲモ不思入天下ノ亂ン事ヲ不悟シテ民間ノ愁
ル所ヲ不知シカハ不久シテ亡ニシ者共ナリ近ク本朝
ヲ窺フニ承平ノ将門天慶ノ純友康和ノ義親平治ノ
信頼是等ハ猛キ心モ奢レル事モ皆執々ニコソアリシ
カ間近クハ六波羅ノ入道前太政大臣平朝臣清盛

図4　カタカナ本『平家物語』

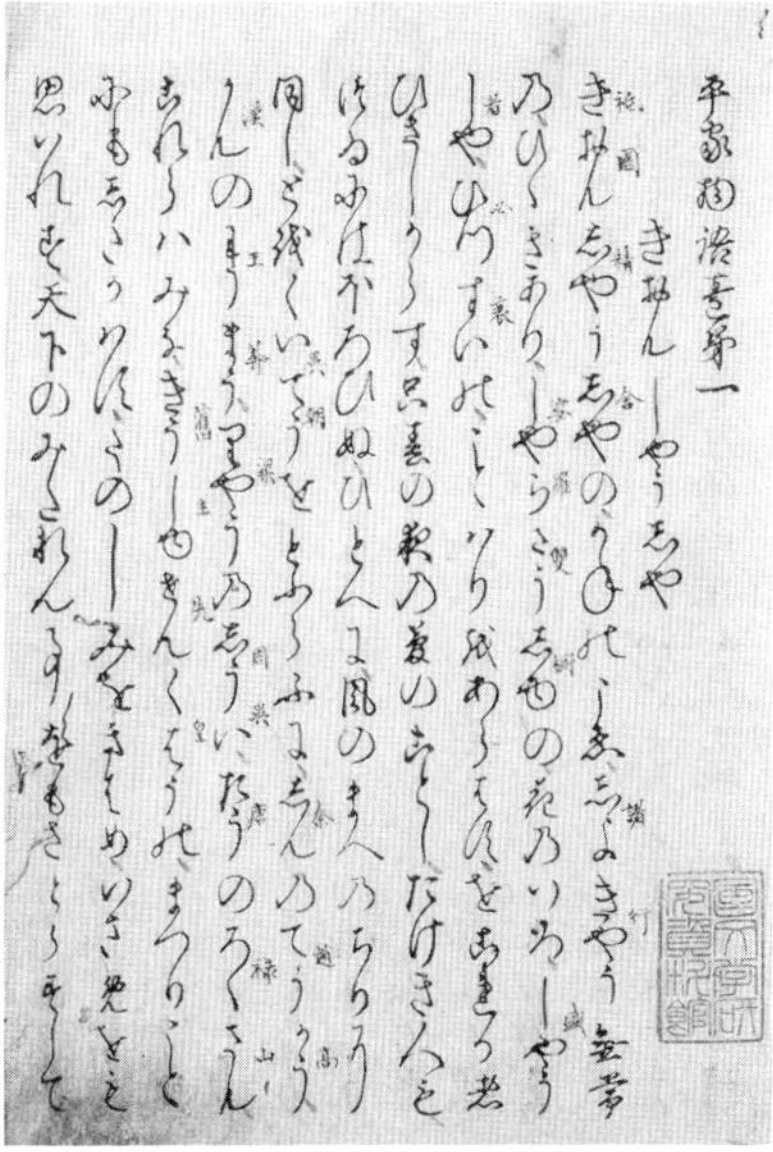

平家物語巻第一

図5　ひらがな本『平家物語』

ついては、なお考察しなければならない。次章の医学書の表記をめぐる問題とも関わってくるだろう。

ローマ字本

イエズス会の巡察使バリニャーノ▲が島原半島加津佐《かづさ》に持ち込んだ印刷機によって、日本で初めての活字による印刷が始められた。天正十九年（一五九一）のことである。ラテン語やポルトガル語などの欧文、日本語をローマ字で表記したもの、漢字カタカナ混じりの本、漢字ひらがな混じりの本など、さまざまな表記のものが出版されている。ひらがなについては、くずし字の連綿を表現した連続活字も作られており、後述する古活字版への影響も指摘される。この出版物をキリシタン版▲と呼ぶ。

その中にローマ字で書かれた『平家物語』（天正二十年（一五九二））（図6）がある。最初に「にほんのことばと歴史（イストリア）を学び知らんと欲する人のために世話に和《やわ》らげたる平家の物語」とあり、日本語と歴史を学ぶために作られたことがわかる。ローマ字で書かれているのだから、文字を学習するためではなく、口語の音声を習得するためのものであった。冒頭の「祇園精舎の鐘の声」にはじまる部分はなく、平清盛のことからはじめている。冒頭を文飾とみて、口語の学

バリニャーノ　Alessandro Valignano. イタリア出身のイエズス会巡察使。天正七年（一五七九）初来日。セミナリヨ、コレジヨなどの設立、天正遣欧使節の立案実施、またキリシタン版の刊行を始めるなどした。

キリシタン版　天正十九年（一五九一）から慶長十九年（一六一四）まで、ヨーロッパから持ち込んだ活字印刷機を用いて出版されたキリスト教関係の書物。

習にはいらないものと判断したのか、あるいは仏教的な用語を嫌ったために省いたのだろうか。これを「天草本平家物語」と呼んでいる。

このように『平家物語』は日本語の表記について、たいへん興味深い問題を提起する。しかし、これはなにも『平家物語』に限ったことではない。次章では江戸時代の医学書をとりあげて、表記の問題を考えてみよう。

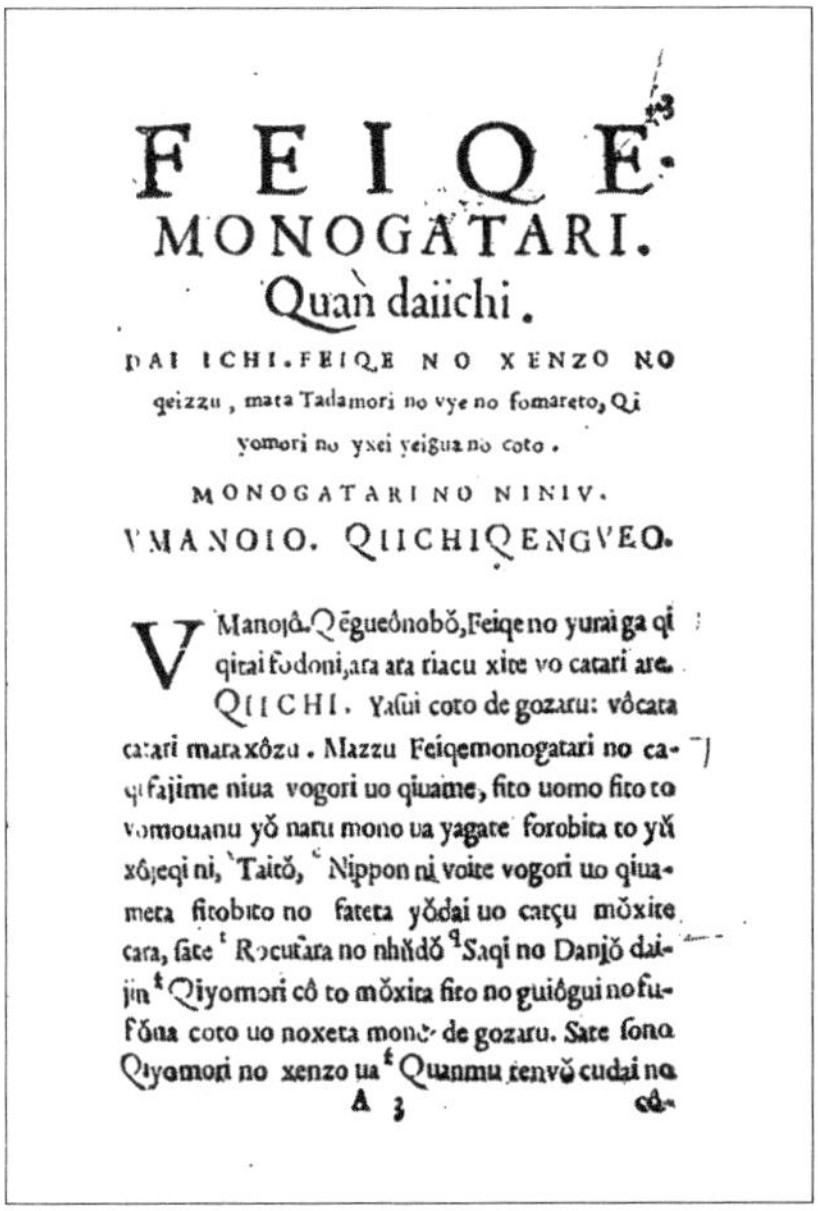
FEIQE
MONOGATARI.
Quan daiichi.
DAI ICHI. FEIQE NO XENZO NO
qeizzu, mata Tadamori no vye no fomareto, Qi
yomori no yxei yeiguano coto.
MONOGATARI NO NINIV.
VMANOIO. QIICHIQENGVEO.

VManojô. Qēgueônobŏ, Feiqe no yurai ga qiqitai fodoni, ara ara riacu xite vo catari are.
QIICHI. Yasui coto de gozaru: vôcatacatari maraxôzu. Mazzu Feiqemonogatari no caqifajime niua vogori uo qiuame, fito uomo fito to vomouanu yŏ naru mono ua yagate forobita to yŭ xôjeqi ni, Taitŏ, Nippon ni voite vogori uo qiuameta fitobito no fateta yŏdai uo carçu mŏxite cara, sate Rocufara no nhŭdŏ Saqi no Danjŏ daijin Qiyomori cô to mŏxita fito no guiôgui no fufŏna coto uo noxeta mono de gozaru. Sate sono Qiyomori no xenzo ua Quanmu tenvŏ cudai no
A 3

図6　天草本『平家物語』。1行目は「平家」、2行目は「物語」と読み、3行目は「巻第一」と読む。このように日本語の音声をローマ字で表記したのである。当時の音声がわかるので、国語学的にも貴重な資料とされる。

三 医学書の表記

カルテということばをご存じだろうか。医師が患者の病気について、診療したことや処方したことなどを記す紙片のこと。ドイツ語がもとになっているのだが、それは明治文明開化のとき、医学に関してはドイツを手本としたため、医学に関する用語もドイツ語を用いてきたかららしい。別にカルタということばがある。語源はカルテと同じものなのだが、伝わってきた国と用途が違っているため、日本では遊びに使うカードのことをカルタと言うようになった。カードも同語源だが、こちらは紙片やトランプを指して使うことが多い。

このように、もともと同じものを指していた西洋のことばも、日本に入ってきた国、用途によって別々のものとして使われるようになったのだ。

江戸時代以前の医学用語

今は医学に関することばは、英語が世界標準になっていると聞く。カルテをカードと呼ぶようになったかどうかは知らないが、そこに記される病名や薬の名前などは英語になっているのだろうか。以前はローマ字だけで記入していたように記憶しているが、最近は日本語で記入しているようにも見受けられる。私はめったに病院に行かないので、それが標準的なのかどうかは判断できないが、日本語も医学の言語として使われるようになったということなのだろうか。

江戸時代以前は、医学に関してはなんといっても中国語であった。中国語といっても、話しことばとしての中国語ではない。いわゆる漢文である。医学書を漢文で読み書きするということから、表記についての問題に入ってみよう。

『解体新書』の表記

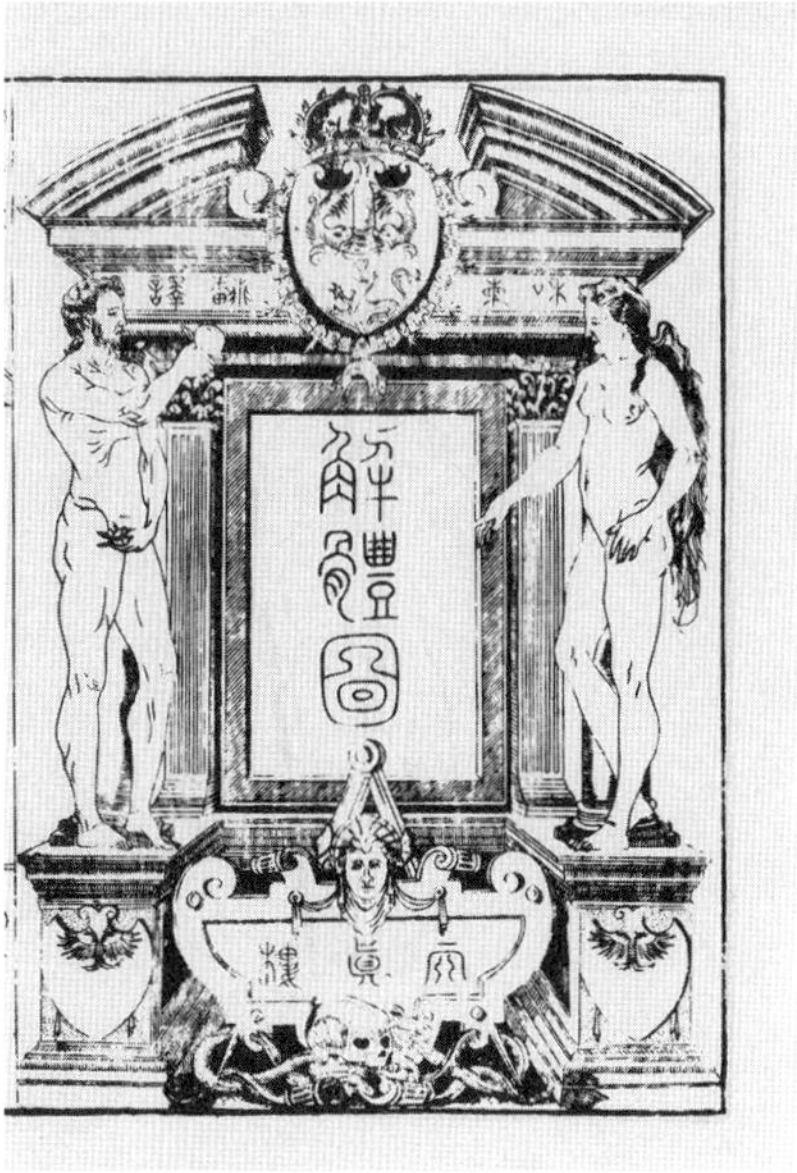

図7　『解体新書』扉

図7は『解体新書』の扉の部分である。

『解体新書』については、知らない人はいないのではないか。多くの教科書にも取り上げられており、図の扉絵など、クイズで出したとしてもすぐに書名が答えられるほど知られているものだろう。杉田《すぎた》玄白《げんぱく》、前野良沢《まえのりょうたく》らが、オランダ語の『ターヘルアナトミア』を訳したもので、安永三年（一七七四）に出版された。日本初の西洋解剖書の翻訳であり、辞書もない時代に苦労に苦労を重ねて訳したことは、杉田玄白の『蘭学事始《らんがくことはじめ》』に詳しく語られており、よく知られている。

しかし、この扉絵や解剖図は知っていても、その本文を見たことのある人は少ないだろう。有名な本だけに、展示されることも多いし、図録などにも取り上げられるのだが、ほとんどは扉絵や解剖図ばかり。その本文が図8である。見てのとおり、漢字だけの漢文で書かれている。外国語であるオランダ語を、外国語である漢文＝中国語に訳したわけで、日本語に訳したのではない。不思議なことではないか。

おそらく、まずはオランダ語を漢文訓読調の日本語に訳し、その語順を変えて、返り点や送り仮名をほどこした漢文に直して表記したと考えられる。ただでさえ骨の折れる翻訳をしたあとで、さらにまた手間をかけて漢文にしたわけだ。なぜこのようなことをしなければならなかったのだろうか。

日本における医学書

日本人が編集した医学書で現存する最古のものは『医心方《いしんぽう》』（九八四年、丹波《たんば》康頼《やすより》編）である。中国のさまざまな医学書から引用して作られたものであり、漢文で書かれている。それ以前、日本独自の医学書として『大同類聚方《だいどうるいじゅうほう》』（八〇八年、出雲広貞編）などが編集されたというが、現存しないらしい。いずれにせよ、日

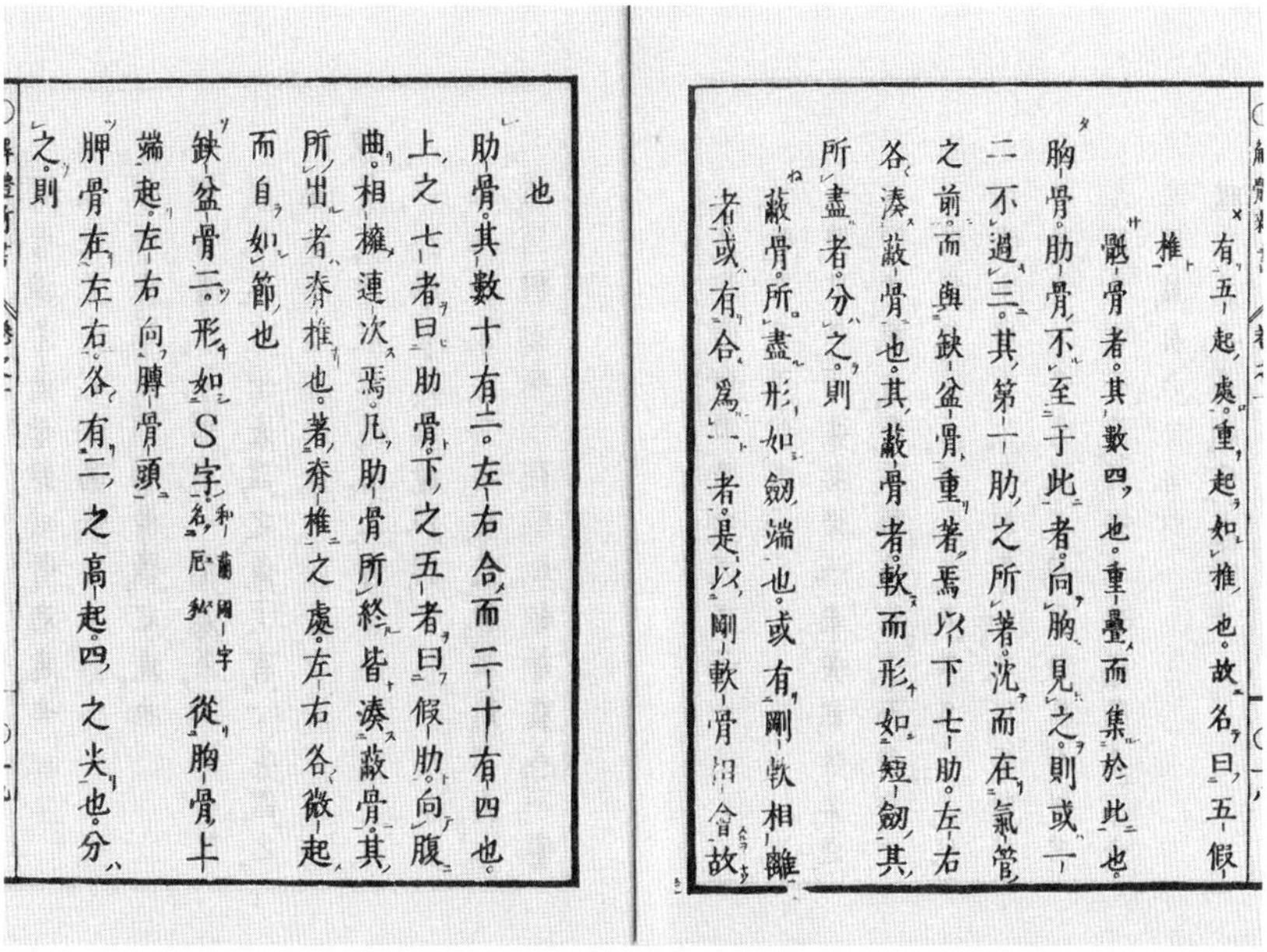

有五起處。重起如推也。故名曰五假
椎
骶骨者。其數四也。重疊而集於此也。
胸骨。肋骨不至于此者。向胸見之。則或一
二不過三。其第一肋之所著沈而在氣管
之前。而與缺盆骨重著焉。以下七肋。左右
各湊蔽骨也。其蔽骨者。軟而形如短劒。其
所盡者分之。則
蔽骨。所盡形如劒端也。或有剛軟相離
者。或有合爲一者。是以剛軟骨相合故

也
肋骨。其數十有二。左右合而二十有四也。
上之七者曰肋骨。下之五者曰假肋。向腹
曲。相攙連次焉。凡肋骨所終。皆湊蔽骨。其
所出者脊椎也。著脊椎之處。左右各微起
而自如節也
缺盆骨二。形如S字。從胸骨上
端起。左右向髆骨頭。
胛骨在左右。各有二之高起。四之尖也。分
之。則

図8　『解体新書』巻之一、本文。訓点付きの漢文。右側のカタカナは送り仮名で、左側の「レ」や「一」「二」は返り点。漢字と漢字の間を縦線でつないでいるが、まん中に線がある場合は音読みする。例えば右頁4行目「胸骨」は「きょうこつ」と読む。左側に線がある場合は訓読みする。例えば左頁2行目「其数」は「そのかず」と読む。

本の医学は、中国からもたらされた医学書によって始まったと言ってよいだろう。『黄帝内経《こうていだいけい》』や『傷寒論《しょうかんろん》』など、古代の中国で著述された医学書は、中国語として読まれたわけではなく、日本語として読めるように工夫された訓読によってその意味を理解してきた。このことはすべての中国の古典籍にあてはまる。儒学や医学など、学問をするためには、漢文を読み書きできなければならなかったのである。それが知識人の条件でもあった。

このことは、江戸時代においても変わっていない。こういう背景の中で『解体新書』は漢文に訳されたのである。

『済民記』

安土桃山時代、豊臣秀吉が天下を掌握していた頃に、曲直瀬玄朔《まなせげんさく》という医師がいた。時の後陽成《ごようぜい》天皇にも重く用いられた当時最高の医師である。その医学に関する著作は、医学書における表記、つまり漢字、カタカナ、ひらがなの用い方の問題を端的にあらわしている。

『済民記《さいみんき》』(天正元年(一五七三)成)という著書がある。図9はその本文であるが、漢字カタカナ混じりの文章で書かれている。医学書は漢文で書くという原則からはずれているのだが、それには理由があった。その理由が跋文(図10)に

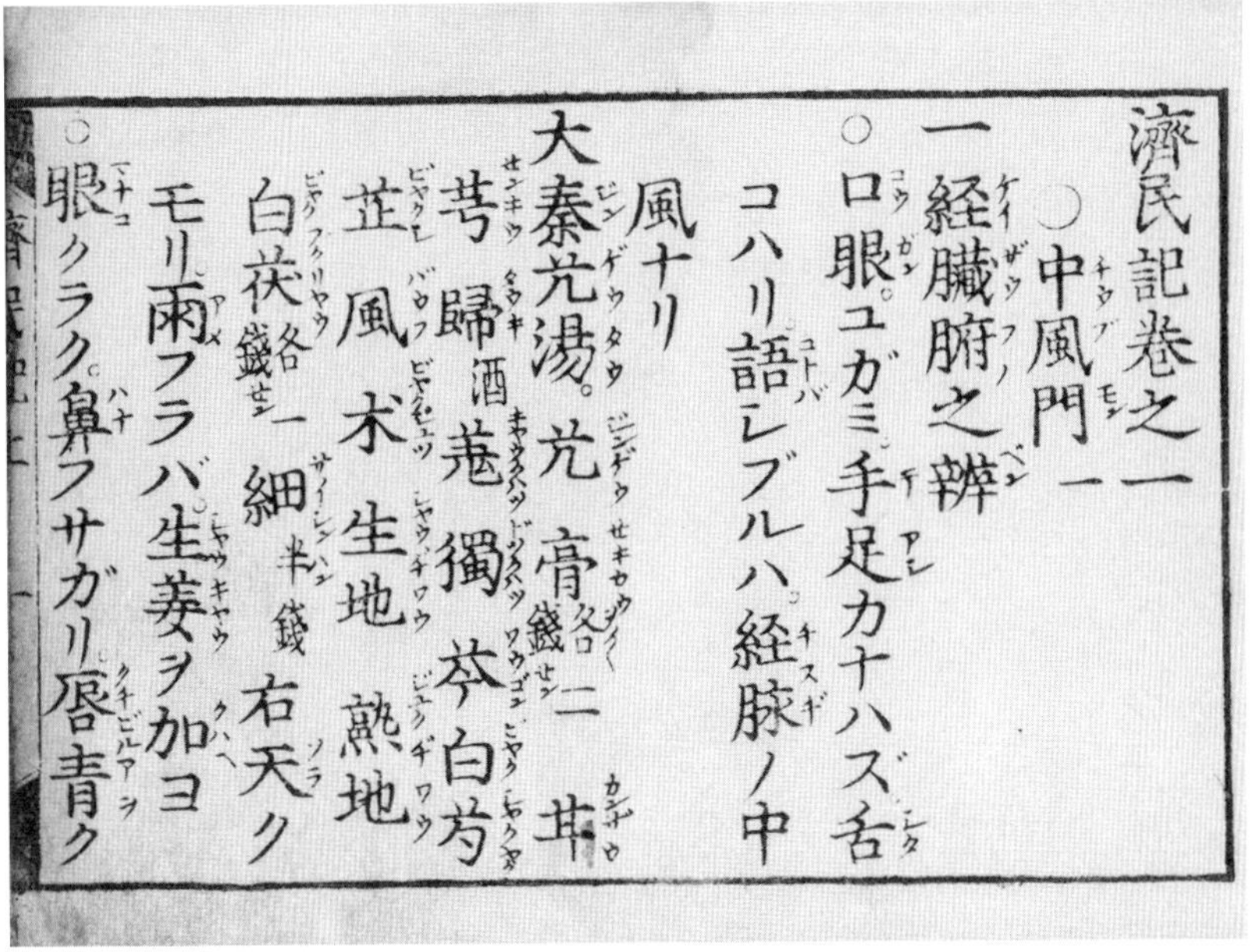

図９　『済民記』巻之一

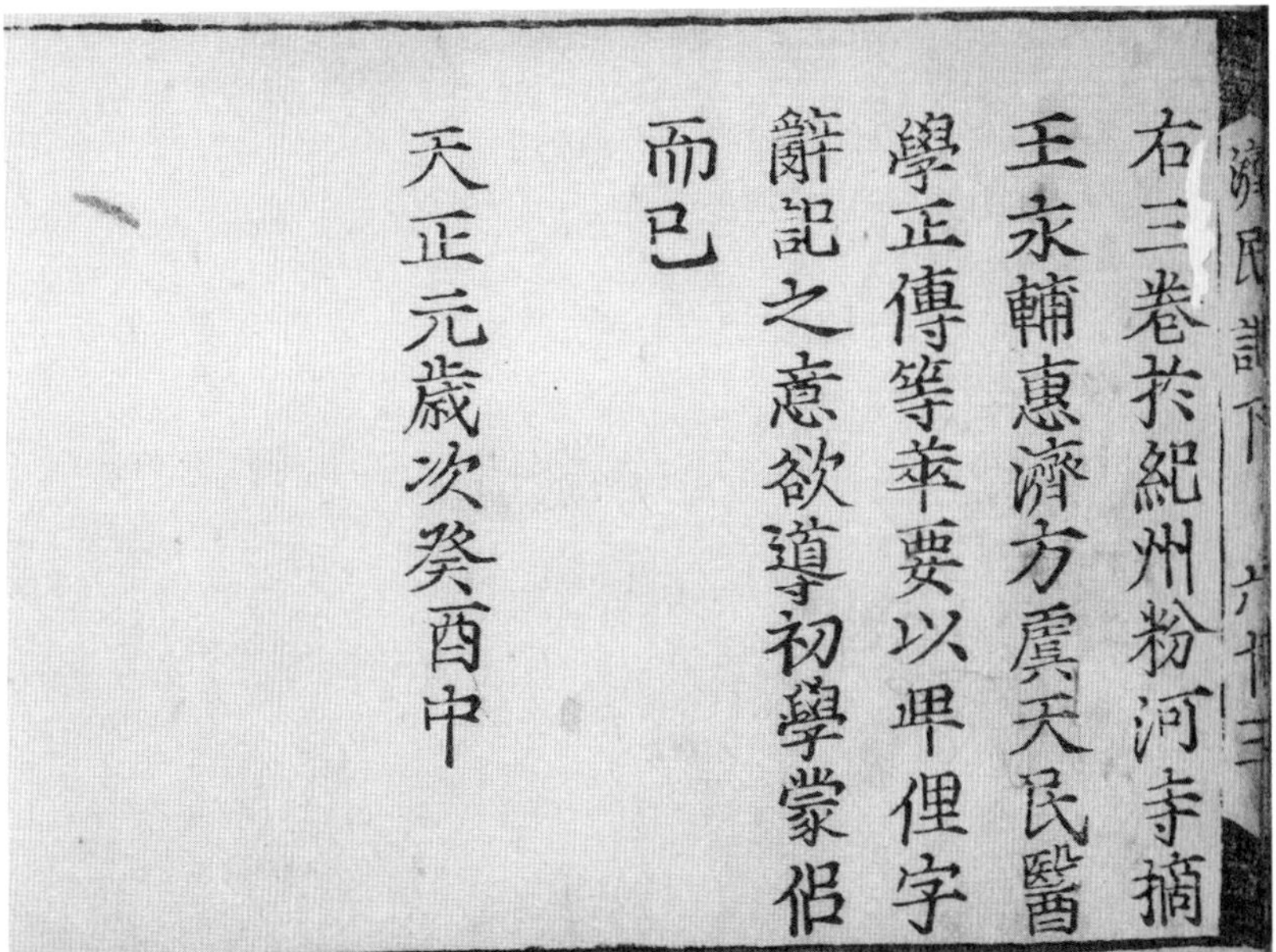

図10　『済民記』跋文

書かれている。

右三巻於紀州粉河寺摘王永輔恵済方虞天民医学正伝等萃要以卑俚字辞記之意
欲導初学蒙侶而已
天正元歳次癸酉中

大意をとると、「この三巻の書物は、紀州の粉河寺で執筆した。王永輔《おうえいほ》『恵済方』（中国明代）、虞天民《ぐてんみん》『医学正伝』（一五一五年）などの中国の医学書から重要な点を抜き出し、卑近な文字と文章とで書いた。これから医学を志そうとする初学者を導くことを意図してのものである」といっている。注目すべきは「卑俚字辞記」によって「初学蒙侶」を導こうという点である。本来ならば漢文で書くべきなのだが、初学者を対象としたものなので、カタカナを交えたやさしい文章で執筆したというのだ。これで学んだ初学者たちは、いずれ本格的に漢文で書かれた医学書を読んで勉強するようになるはずである。ここに、漢字カタカナ混じり文に対する考え方が端的にあらわれている。漢文の文献に準ずるものとして使われているのだ。

玄朔はさらに注目すべき医学書を執筆することになるのだが、その前に彼の一生を簡単にたどっておこう。

曲直瀬玄朔という人

玄朔は、天文十八年（一五四九）曲直瀬正盛《しょうせい》（一五〇七—九四）通称道三《どうさん》の妹の子として生まれ、後に道三の孫娘を妻として曲直瀬家を継ぐ。道三は「日本医学中興の祖」と称され、正親町《おおぎまち》天皇や後陽成天皇にも仕えた。玄朔は、豊臣秀吉に用いられ、島津征伐や朝鮮出兵にも従軍した。文禄四年（一五九五）、当時侍医として仕えていた豊臣秀次謀反の事件に連座して、常陸国《ひたちのくに》水戸に流罪となる。慶長二年（一五九七）、後陽成天皇の勅命により許されて帰京し、天皇の療治に当たり、その手腕を発揮する。その後、徳川秀忠の治療のために江戸に招かれ、寛永八年（一六三一）江戸にて没した。享年八十三歳。著書に『医学天正記』などがある。

玄朔が常陸に流されていたときに構想した著作が『延寿撮要《えんじゅさつよう》』である。では、その『延寿撮要』とはどのような書物だろうか。

『延寿撮要』

図11は『延寿撮要』の本文である。漢字とひらがなで書かれている。カタカナではなくひらがなを使ったのにはなにか理由があるのだろうか。そのことを跋文

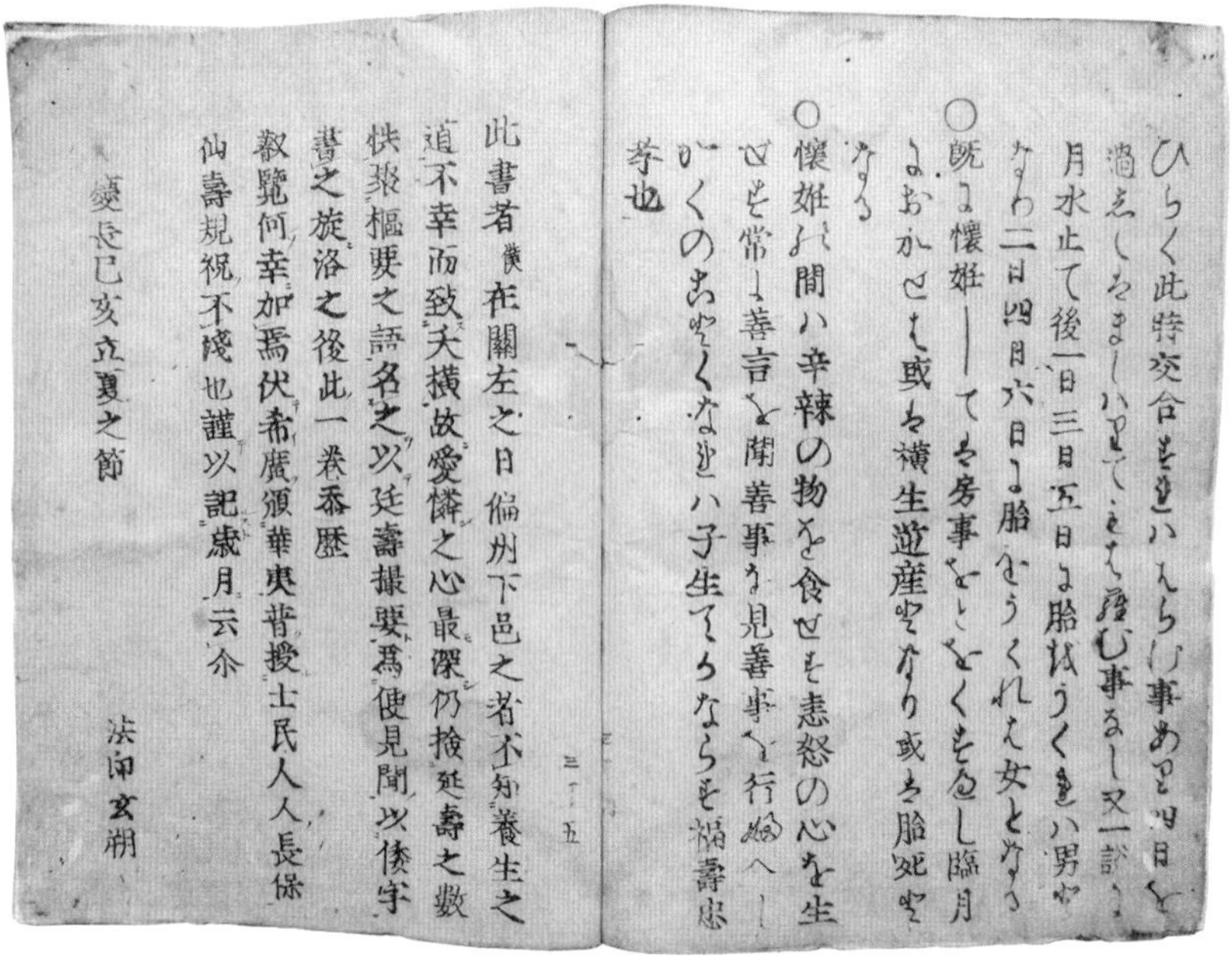

図11 『延寿撮要』末尾。右の頁は本文でひらがな混じりで表記されている。ひらがなは４行目最上部「なり」の連続活字や、次行の「し」の２角分の活字など連綿体を表す工夫がある。一方、漢字はすべて楷書体。両者の組み合わせは当時相当の違和感があったと思われる。左の頁は執筆事情を記した跋文で、漢文で書かれている。

（図11左頁）で確認してみよう。

此書者僕在関左之日偏州下邑之者不知養生之道不幸而致夭横故愛憐之心最深仍捡延寿之数帙聚枢要之語名之以延寿撮要為便見聞以倭字書之旋洛之後此一巻忝歴

叡覧何幸加焉伏希広頒華夷普授士民人人長保仙寿規祝不残也謹以記歳月云爾

慶長己亥立夏之節　　法印玄朔

「私が常陸国に流されていたとき、村人たちが養生の方法も知らないために、不幸にして若くして死んでしまう者を多く見た。そのことを憐れに思って、なんとか救いたいと思い、養生の要点をあつめて著述した。名づけて『延寿撮要』という。著述にあたっては、村人たちが読めるように「倭字」を用いた」という。

この「倭字」がひらがなをさしている。

『済民記』との違い

『延寿撮要』も『済民記』も、難しい医学の知識を普及しようとしていることは同じである。しかし、それぞれの対象とする読者の違いによって、カタカナとひらがなとが使い分けられていることは注目に値する。『済民記』は医学初学者向けなのでカタカナを、『延寿撮要』は医学知識のない村人向けなのでひらがなを用いたというのだ。そのことを、それぞれの本文によって確認してみよう。

『済民記』（前掲図9）

中風門一

一経臓腑之弁

○口眼ユガミ手足カナハズ舌コハリ語シブルハ経脈ノ中風ナリ

大秦艽湯（以下その成分。略）

『延寿撮要』（前掲図11右頁）

○懐妊の間は辛辣の物を食せす恚怒の心を生せす常に善言を聞善事を見善事を行ふへしかくのことくなれは子生てかならす福寿忠孝也

『済民記』では、「口と眼がゆがみ、手足がきかなくなり、舌がこわばって、ことばが出にくくなる、というような症状が出た場合は中風《ちゅうぶう》▲である。処方する薬は

中風　脳卒中の後遺症として現れる半身不随のこと。

大秦艽湯《だいしんきゆうとう》である」という細かい説明をし、その後に薬の成分を列記する。症状から病名を特定し、処方する薬の成分までを教えているわけで、あきらかに専門家向けであって、素人に向けた説明ではない。

それに対して『延寿撮要』は、「妊娠中は、辛い物を食べず、怒ることなく、つねに良いことばを聞き、良いことを見、良いことを行うべきである。そうすれば生まれた子供は必ず長寿で忠孝の徳を備えた人物となる」という。この項目は今でいう胎教《たいきょう》を教えるもので、医学を専門とする者向けでないことがよくわかる。対象の違いが、表記においてカタカナとひらがなとに現れている。

これは曲直瀬玄朔の個人的な考え方によるものととらえることもできる。しかしおそらくは、江戸時代の日本におけるカタカナとひらがなとの使い分けに関する一般論とみてよいと考える。最初にとりあげた『解体新書』は、初学者向けでも医学知識普及のためでもなく、医学の専門家を対象としたものだったので漢文で書かれたのだ。

ひらがなの位置づけ

玄朔における漢字カタカナとひらがなの身分的位置づけが、歴史的にどこまでさかのぼれるかは注意しなければならない。カタカナの位置づけはそうは変わら

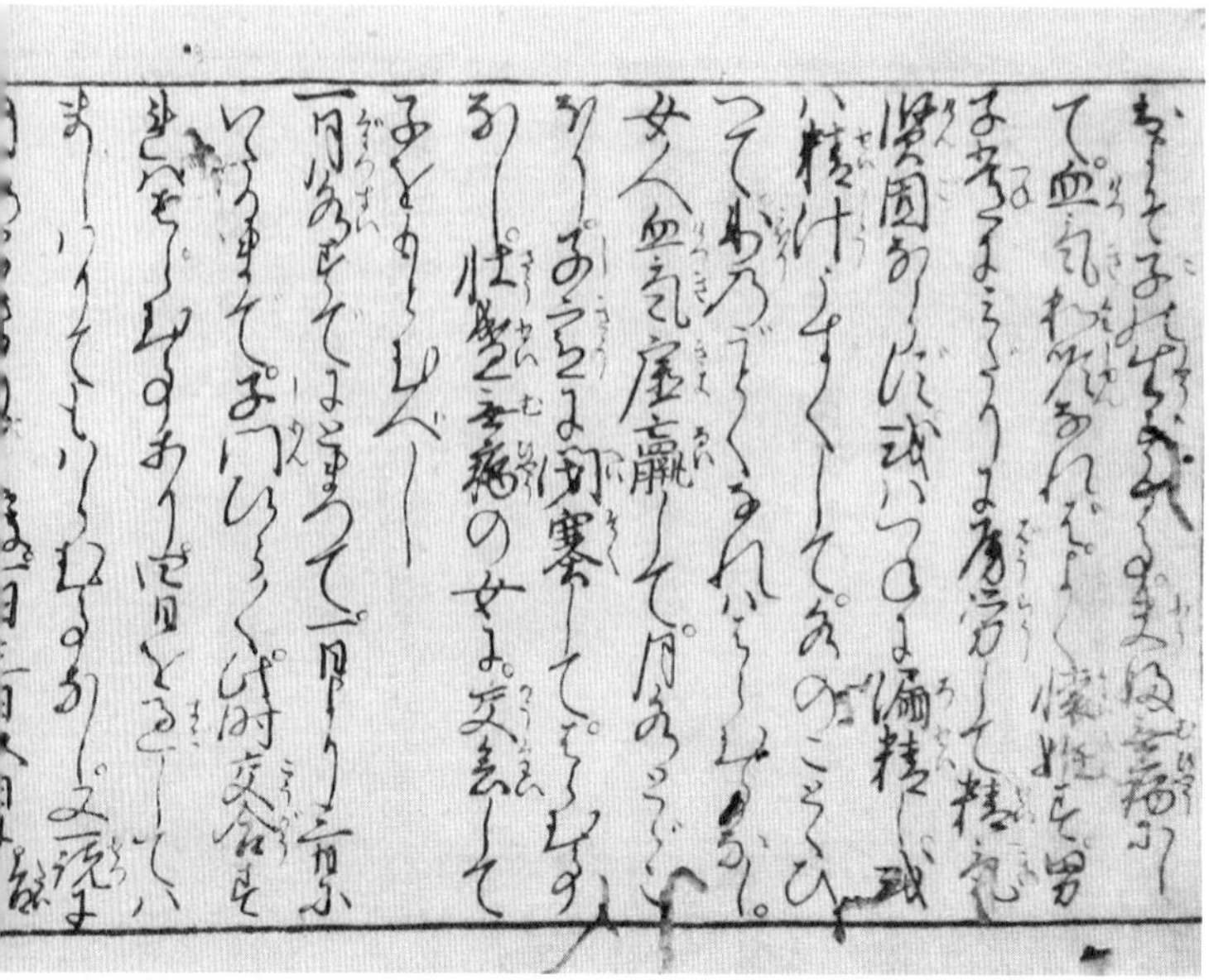

ないだろうが、ひらがなについてはちょうどこの時期、十七世紀の初頭を境としてその位置づけが大きく変わっていくと考えている。おおまかにいうと次のようになる。

十六世紀以前は文字を使える身分階層は限られていて、ひらがなも上層身分の人が使うものであった。その違いは主に公私、性差、長幼の別であって、身分差ではなかった。それが、十七世紀以降、徐々にひらがなが庶民のものとなり、身分を越えて広がっていくようになる。玄朔がひらがなを用いた『延寿撮要』を庶民に向けたものとしていることから、それ以前、室町時代末にもそういう傾向はあったといえるかもしれない。むしろ『延寿撮要』をはじめとするひらがな本の出版が、ひらがなが庶民のものになる契機を作ったと考えるのだ。あくまで私見であり検証を必要とするが、ひとつの仮説として提示しておきたい。

『延寿撮要』のその後

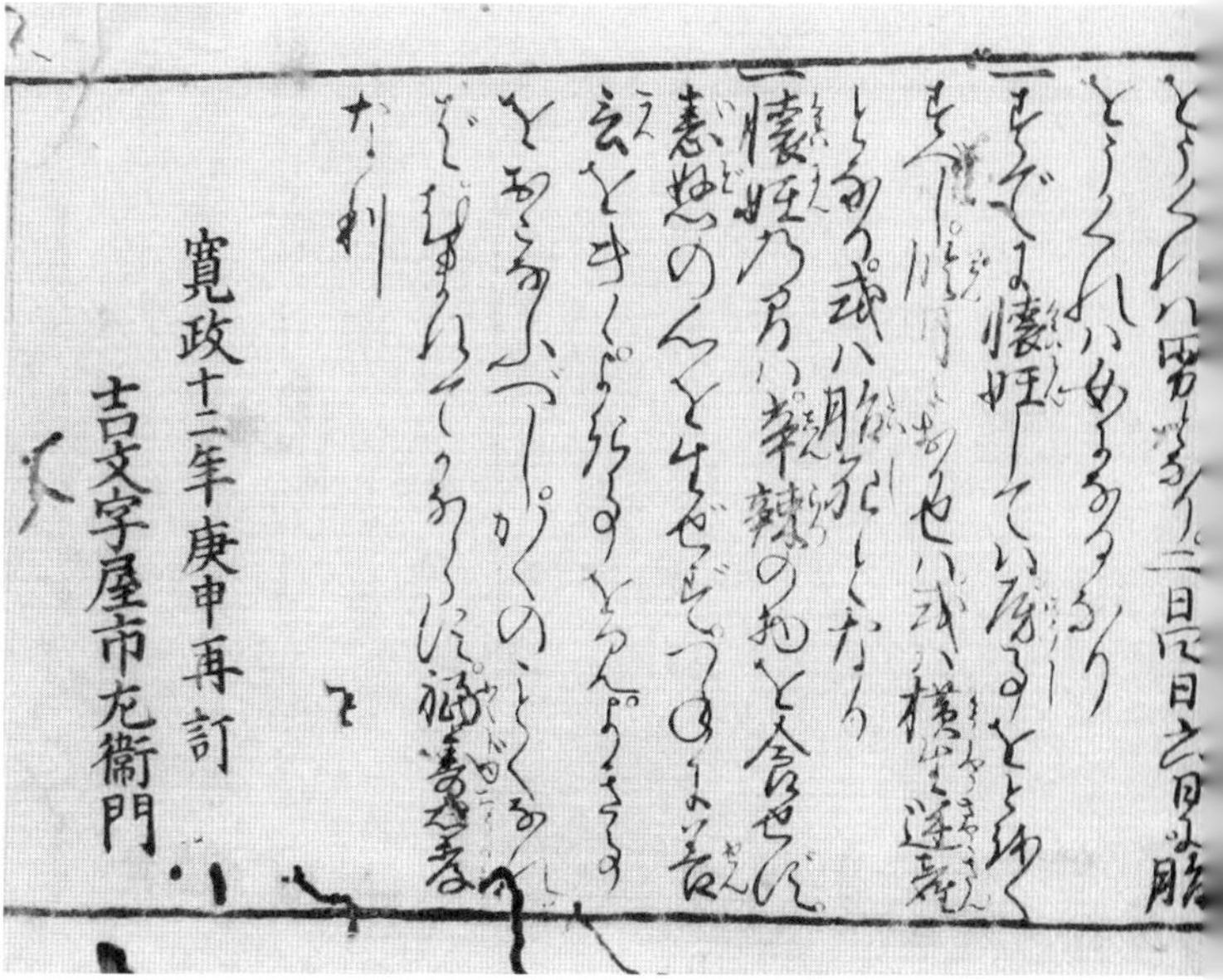

図12　『延寿養生』

さて、村人に向けて簡単に養生のための知識が得られるようにと、ひらがなを用いて書かれた『延寿撮要』であったが、これが当時の人々にとって読みやすいものであったかどうかは疑問である。ひらがなは読めたとしても、多く用いている漢語、たとえば、「辛辣《しんらつ》」や「恚《い》怒《ど》」のような難しい漢語はやはり読めなかっただろう。

それでも『延寿撮要』は歓迎されたようで、その後江戸時代を通じて何種類もが出版されている。そのひとつに『延寿養生』（図12）がある。

図を見てわかるとおり、横形の小さな本で、くずし字で書かれており、漢字も草書体にされ、さらに振り仮名が付されている。見かけは随分変わってしまったが、内容はほぼ『延寿撮要』と同じ。このように、内容は同じで題名だけを変えたものを「改題本」と呼んでいる。

横形の本は、懐や袖の中に入れて持ち歩き、何かあった場合にすぐ参照できる実用的な本としてあつかわれた。『延寿養生』がより一層実用的なものとして出版されたことがわかる。当時の〈家庭の医学〉のようなものであった。

『延寿撮要』の持つ違和感

ところで、現在の我々にとっては、楷書の漢字を使った『延寿撮要』のほうが読みやすいのだが、当時にあってはむしろくずし字で書かれた『延寿養生』のほうが読みやすかったと思われる。『延寿養生』では、漢字も草書にくずされており、ほぼすべてに読み仮名が振られている。これであれば、識字率も高かった江戸中期以降の庶民ならば、多くの人々が読めたと推測される。しかし一方の『延寿撮要』には当時かなりの違和感があったと考えられるのである。

ひとつは、楷書の漢字とひらがなとを組み合わせたことに対する違和感。もうひとつは、ひらがなで書かれた本が出版されたということである。

楷書とひらがなの組み合わせ

今の日本語は、楷書の漢字とひらがなとが何の違和感もなく併存している。そのこと自体に疑問を持つ人はおそらくひとりもいないだろう。しかし、江戸時代以前、楷書の漢字とひらがなとを組み合わせることはまずあり得ないことだった。

第二章で紹介したように、和漢混交文の典型である『平家物語』には、さまざ

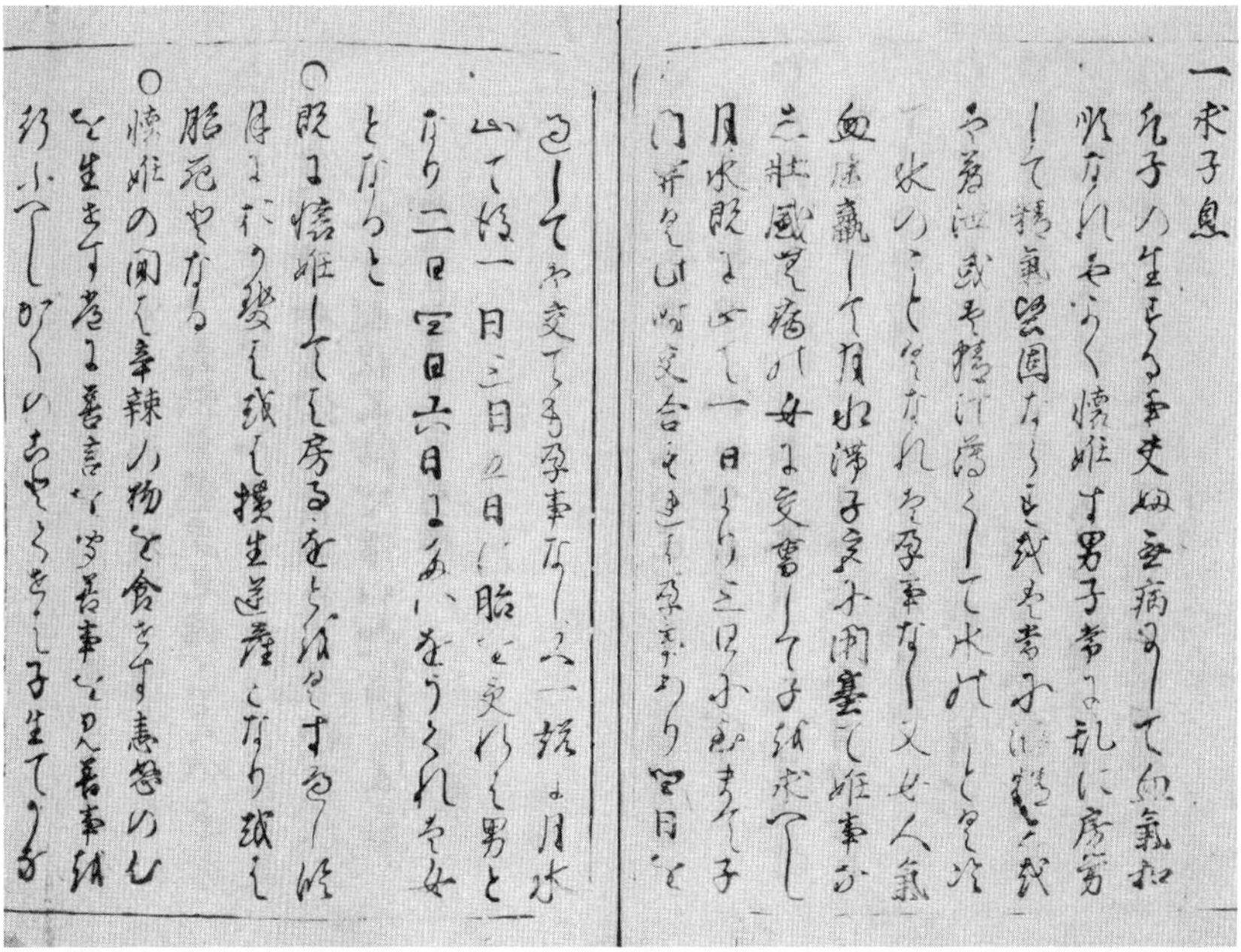

図13　古活字版『延寿撮要』。図11と比べると、漢字が楷書ではなく少しくずした行書になっていることがすぐわかるだろう。ひらがなのほうも連続活字が多用されていて、全体として連綿の表現がこなれてきた印象をうける。

まな表記の本が作られている。そのひらがな本（前掲図5）は、わずかに交えられた漢字はすべて草書体を用いており、楷書ではない。一方、カタカナ本（前掲図4）の漢字は楷書である。室町時代には、抄物《しょうもの》と言って、仏書や漢籍についての注釈、あるいは講義ノートのようなものが多く作られた。それらも楷書の漢字とカタカナで表記されている。

私は日本の古典籍をすべて見尽くして言っているわけではないので、あるいはそういうものがあるかもしれないが、楷書漢字とひらがなとを組み合わせた書物はまずあり得ないと考えている。『延寿撮要』の表記は、当時の人々に対して相当に違和感を抱かせるものであったはずだ。

古活字版にも図13のような『延寿撮要』が存在する。おそらく楷書漢字の違和感をなんとか

解消しようとしたものだろう。漢字を行書にしてはいるものの、活字なので一字ずつは離れており、連綿になるわけではない。したがってこれでもまだまだ違和感は残る。その違和感を解消したのが『延寿養生』なのである。

最初期の印刷物

『延寿撮要』にはもう一つ違和感があったと思われる。それは、ひらがなで書かれた本そのものが印刷されたということである。

印刷と表記とは密接に関わるものでもあるので、ここで簡単に印刷と表記との関係についての概略をおさえておきたい。

日本における印刷は『百万塔陀羅尼』（図14）に始まる。これは、現存する世界最古級の印刷物でもある。漢訳された仏教経典であるため、その表記は漢字だけを用いている。印刷の歴史は中国に始まるが、それは仏教経典と密接に結びついたものであった。記年のないものではあるが、唐代の陀羅尼経などが最も古い印刷物だと考えられている。宋代になると、大規模な大蔵経の出版が行われるなど、最初期の出版物はすべて仏教に関するものであった。『百万塔陀羅尼』もそのような仏教経典印刷出版の歴史

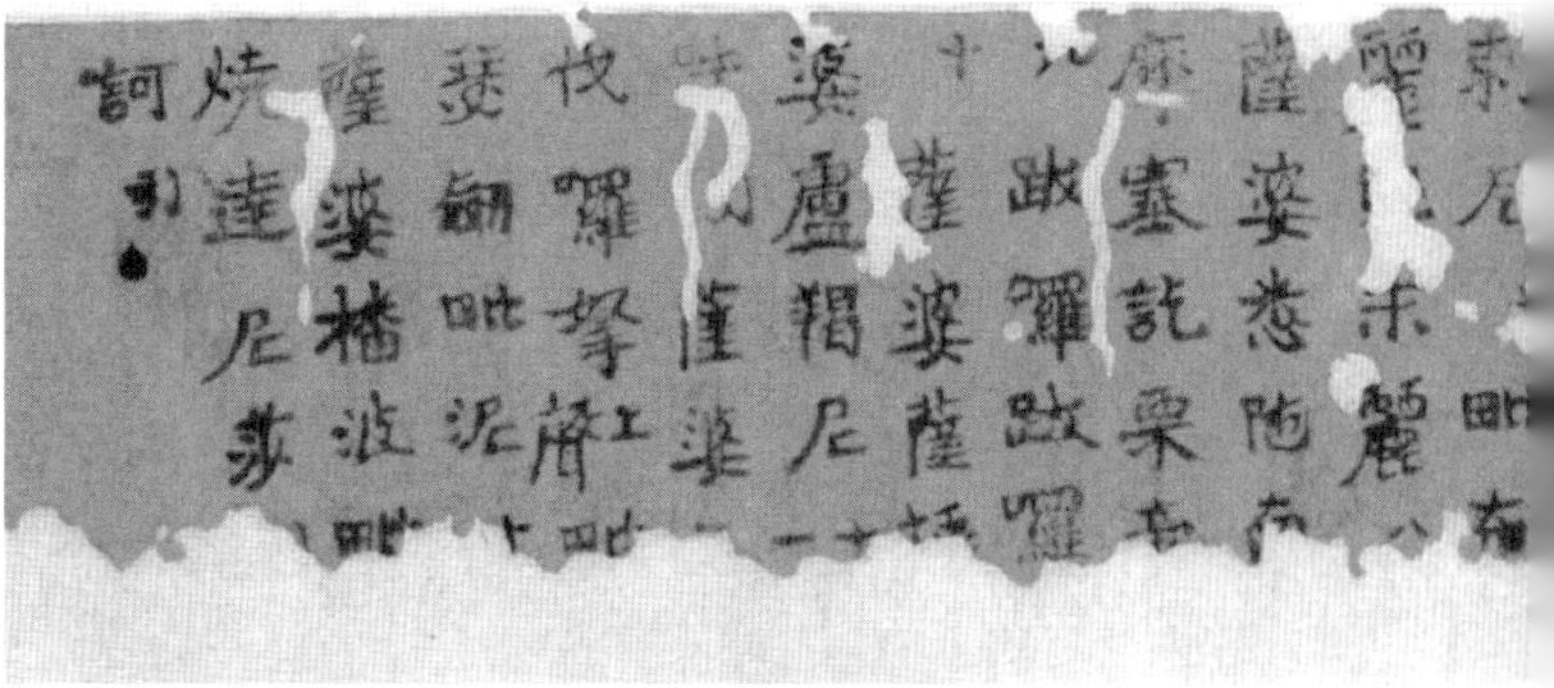

図14『百万塔陀羅尼』。宝亀元年（770）称徳天皇の発願により奈良の十大寺に置かれた百万基の塔の中に納められた『陀羅尼経』

の中に位置づけられる。その後、宋代になって、ようやく「経史《けいし》」と呼ばれる中国の古典、儒教の経典である『論語』や歴史書の『史記』などが出版されるようになる。

しかし、日本においては長いあいだ仏教関係の書籍が印刷の中心であった。奈良の大寺院で出版された春日《かすが》版をはじめとする南都版、高野山で出版された高野版、鎌倉時代になって禅宗の五山▲の寺院で出版されるようになった五山版など、すべて仏教に関する出版である。出版は仏教が独占していたという言い方もできるだろう。仏教は漢訳された仏典を用いていたために、出版されたものもすべて漢文であった。

仏教からの出版の解放

室町時代の終わりごろから、出版についての状況に変化があらわれる。仏教とは全く関係のない出版が行われるようになるのだ。例えば、西国の大大名《だいだいみょう》であった大内氏による大内版、富裕な町人による堺版などである。そこでは、仏教経典とは関わりのない、儒教の経典や辞書類、あるいは医学書などが出版されるようになっていく。しかし、表記についてみてみると、すべて漢文であることに変わりはなかった。

五山　禅宗寺院のうち、最も高い格式を有する五つの寺院。京都五山、鎌倉五山がある。

ただし、ひらがなを用いて出版されたものが全くなかったわけではない。例えば『融《ゆ》通《づう》念《ねん》仏《ぶつ》縁《えん》起《ぎ》』（明徳二年（一三九一）刊）などがある。しかし、これらも仏教に関する絵入の本であるという共通した特徴を持っており、それ以外の和歌や物語などに出版がおよんだわけではなかった。これらの典籍については、なお考究すべき点もあるのだが、ここでは例外的事項として除外して考えたい。

古活字版の時代

ひらがなを用いた出版が本格的に行われるようになるのは、〈古活字版〉の時代になってからである。〈古活字版〉とは、十六世紀末、朝鮮とヨーロッパの二方面からほぼ同時にもたらされた活字印刷技術の影響によって、日本で初めて行われるようになった活字印刷物をさしていう。行われた期間は、十六世紀末から十七世紀の中頃まで、わずか五十年間ほどであった。

表記に関しては、ひらがなで書かれた仏教以外の日本人著作が初めて出版されるようになったことが重要な点である。例えば、『伊勢物語』（慶長十三年（一六〇八）刊）や『源氏物語』などの平安朝の物語、『方丈記』『徒然草』などの随筆、「謡曲集」などが史上初めて出版されたのだ。評価の定まった古典だけではない。その当時著述された『大坂物語』▲（元和元年（一六一五）刊）や『竹斎』▲などの仮

『大坂物語』 慶長十九年（一六一四）の大坂冬の陣のすぐ後に、その戦《いくさ》の様子を描いたものとして出版された古活字版。翌元和元年夏の陣で豊臣氏が滅ぶと、さらにその様子を描いて出版され上下二巻本となる。ジャーナリスティックな出版として最初期のもの。

『竹斎』 藪医者の竹斎を主人公とした、滑稽ばなし。

名草子、すなわちひらがなで書かれた当代文学までもが出版されるようになったのである。画期的な出来事といってよいだろう。
そのような、ひらがなを用いた最初期の出版物のなかに『延寿撮要』を位置づけることができるのだ。

活字印刷と固有文字

五代十国の時代から宋代にかけ、中国の北方に次々と建国された、遼、西夏、金は出版も盛んに行った。前述のとおり、建国の皇帝が固有文字を制定したという点でも共通する。しかし、固有文字を用いて出版を行ったのは、西夏だけであった。そして、活字印刷を行ったのも西夏だけ。その理由は明らかにしえないが、活字印刷術の導入と民族固有文字を用いた出版とはなんらかの相関関係があるように見えるのである。
活字印刷のはじまりも中国である。宋の慶暦年間（一〇四一―四九）に畢昇《ひっしょう》という人物が始めたということが、沈括《しんかつ》（一〇三一―九五年）の『夢渓筆談《むけいひつだん》』に記されている。現存する最古の活字印刷の書物は『白雲和尚抄録仏祖直指心体要節《はくうんおしょうしょうろくぶつそじきししんたいようせつ》』（一般に『直指』と略称される）で、高麗《こうらい》王朝の一三七七年に金属活字を用いて刊行されたものである。高麗王朝とそれに続く朝鮮王朝は、活字による印刷を盛んに

仮名草子　十七世紀、当代のことをあつかい出版された、ひらがなで書かれた作品類をいう。内容は、報道、小説、地誌、教訓など多岐にわたる。

五代十国　唐の滅亡（九〇七年）から宋の中国統一（九七九年）の間に興亡した国々。後梁、後唐、後晋、後漢、後周の五王朝を五代といい、それ以外の諸国を十国と呼ぶ。武人が群雄割拠した時代。

西夏の活字印刷　西夏において西夏文字で印刷された活字版には、統治者の行うべき徳行について記された『徳行集』（十二世紀後半、黒水城出土）や西夏語訳『地蔵菩薩本願経』（敦煌出土）などがある。いずれも木活字。

行う。特に朝鮮歴代の王は、大規模な活字の鋳造を行い、それを用いた印刷物を下賜することを続けていたのである。不思議なことは、その技術が十六世紀最末期になるまで日本に伝わってこなかったことである。日本人がそのことを知っていたのか知らなかったのか。知っていたとしたらなぜ取り入れなかったのかなど、謎は多い。

ともあれ、日本においても現象としては西夏と共通している。活字印刷技術が導入されてはじめてひらがなを用いた出版が行われたのだ。日本のひらがな本印刷のはじまりについても、その理由は明らかになっていない。時代も地域も違う西夏と日本において、同様の現象が起こっていることはたいへん興味深い。両者のあり方を詳細に比較することで、民族固有文字出版の謎を解き明かす鍵が見つかるのではないだろうか。問題提起として指摘しておきたい。

名前を伏す

ここで、少し違った方向から検討してみよう。

ひらがなを用いた古活字版を代表する嵯峨本《さがぼん》は、光悦本《こうえつぼん》、角倉本《すみのくらぼん》とも呼ばれている。角倉素庵《すみのくらそあん》▲が関係し、本阿弥光悦《ほんあみこうえつ》▲がデザインして、版下の文字を書いたということでそう呼ばれる。角倉素庵の屋敷が嵯峨にあったことから、嵯峨本とも呼

角倉素庵　安土桃山、江戸初期京都の豪商。父了以の後を継ぎ、海外との交易、淀川などの河川の改修疎通などの事業を行った。生没一五七一—一六三二年。

本阿弥光悦　安土桃山、江戸初期の芸術家。家業は刀剣の鑑定であるが、書道、作陶など多方面に活躍した。寛永の三筆の一人。生没一五五八—一六三七年。

ばれるようになった。しかし、実際に彼らがどこまで関わったかは伝説の域を出ない。書物に刊記はなく、著者名も記さず、記録ものこっていないからである。このような特徴は、他のひらがな古活字版の多くに共通する特徴といってよく、先に触れた『大坂物語』や『竹斎』も同様なのである。

一方、漢文の古活字版には、刊記があるものも多く、誰が出版したのかがはっきりしているものが多い。後陽成天皇の命令で作られた『孝経《こうきょう》』や、後水尾《ごみずのお》天皇の命によって作られたものなど、勅版（文禄勅版、慶長勅版、元和《げんな》勅版の三種がある）をはじめとして、徳川家康の命による伏見版や駿河版などがよく知られている。そのほか、本能寺や要法寺などの寺院で印刷された仏書もある。

しかし、だからといってひらがなの出版物について、どこで誰が出版したかがわからなかったわけではないと思われる。当時の京都にあっては、その美しい謡曲集ならどこどこへ行けば買えるということはよく知られていたことだろう。あるいは、嵯峨本のような豪華本を買えるのは大身《たいしん》の大名などに限られていたであろうから、制作者のほうで持ち込む、また受注生産するようなことであったとも想像される。それが角倉家や本阿弥家だったわけである。

そう考えると、刊記や著者を記さないのは、漢文の本か、ひらがなの本かによる違いによるとしたほうがよさそうである。ひらがなの本など、たいしたものでもないので、わざわざ名前を記すほどのこともないということではなかったか。そもそも『伊勢物語』にしても『源氏物語』にしても、ひらがなで書かれた物語には作者の名前は記されていない。それどころか、題名さえはっきりとはしていなかった。『伊勢物語』を例にとれば、『在五《ざいご》が物語』『在五中将《ざいごちゅうじょう》の日記』などとさまざまに呼ばれていたものが、ある時期『伊勢物語』に固定したものであろう。作者名はおろか、題名さえつけられてはいなかったのだ。ここにも、漢字とひらがなについての意識の違いが現れているとみるのである。

三つめの違和感

『延寿撮要』には、さらにもうひとつ違和感があった。それは、当代の作者によって著作されたばかりの書物が出版されるということである。

古活字版以前、出版されてきたのは評価の定まった中国の古典、すなわち仏書や儒書であって、漢文で書かれたものであった。日本人の著述に関しては、勅撰の正史で、なおかつ漢文で書かれた『日本書紀』のようなものでさえ出版されることはなかった。『日本書紀』の最初の出版は、後陽成天皇の命による慶長勅版であり、『日本書紀』のような重要な書物であっても、勅命を待たなければ出版できなかったともいえよう。

そのような状況の中で、当代の医師である曲直瀬玄朔が執筆したばかりの、しかもひらがなを用いた庶民向けの『延寿撮要』が出版されることには、相当の違和感と抵抗があったと想像される。これまで誰もなしえなかった新奇なことを行うには、その違和感を払拭《ふっしょく》するための方策が必要であっただろう。そこで玄朔がとった行動は、天皇の叡覧に供することであった。

天皇のお墨付き

もう一度『延寿撮要』の跋文を見てみたい。「叡覧」ということばに注目してみよう。叡覧とは天皇がご覧になることをいう。時の後陽成天皇の叡覧に供したのである。しかし、不思議ではないか。文字が読めるかどうかもわからない下々《しもじも》のために執筆したものを、最高の知識人である天皇に提供する必要があったのだろうか。天皇にとっては、『延寿撮要』に書かれている養生の知識は既知のことであって、ひらがなで教えてもらうことなどいらぬことだったろう。

ちなみに、「叡覧」で改行されている（前掲図11参照）のは、叡覧する人物すなわち後陽成天皇を敬って、文字の上に別の文字がこないように配慮してのもの。これを「平出《へいしゅつ》」と呼ぶ。後出の「闕字《けつじ》」よりも一段と高い敬意をあらわしている。

では、何のために叡覧に供したのか。その理由を、先に述べた違和感を天皇の権威を利用して払拭するためであったと考えたいのだ。天皇の命令によって作ったわけではないので、勅撰ではない。しかし、少なくとも天皇の叡覧に供して良しとされたわけで、お墨付きをいただいたことになるのではないか。少々違和感があったとしても、天皇が認めたものなのだから問題はない。ここに画期的な出版物が誕生したのである。

『延寿撮要』出版の切り開いたもの

『延寿撮要』によってひらがなで書かれた書物の出版が認知されたのだろうか、堰《せき》を切ったように後続の出版が行われる。すでに述べたが、慶長十三年（一六〇八）嵯峨本『伊勢物語』（図15）の刊行を皮切りに、ひらがなによる古典文学作品が次々と刊行されるようになる。さらには、評価の定まった古典だけではなく、当代に書かれたばかりのものも出版される。元和元年（一六一五）の大坂落城、豊臣家の滅亡をジャーナリスティックに描いた『大坂物語』、当代の風俗を織り込みながら滑稽な話をつづる『竹斎』などの仮名草子がそれである。

　さらに、『延寿撮要』には作者の名前が記されている。最初期には作者の名前が伏されていた仮名草子においても、浅井《あさい》了意《りょうい》▲など、その著作に名前を記す作者が現れるようになる。井原西鶴以降の浮世草子▲においては、はっきりとその著者

浅井了意　江戸前期の浄土真宗の僧侶。仮名草子最大の作者。その著作には、明暦の大火の報道『武蔵あぶみ』、小説『浮世物語』、翻案小説『伽婢子《おとぎぼうこ》』、地誌『東海道名所記』『江戸名所記』、教訓『本朝女鑑』などがあり、仮名草子の多様性をそのまま体現している。一六九一年没。

浮世草子　江戸中期に流行した小説。天和二年（一六八二）に刊行された井原西鶴の『好色一代男』をそのはじまりとする。

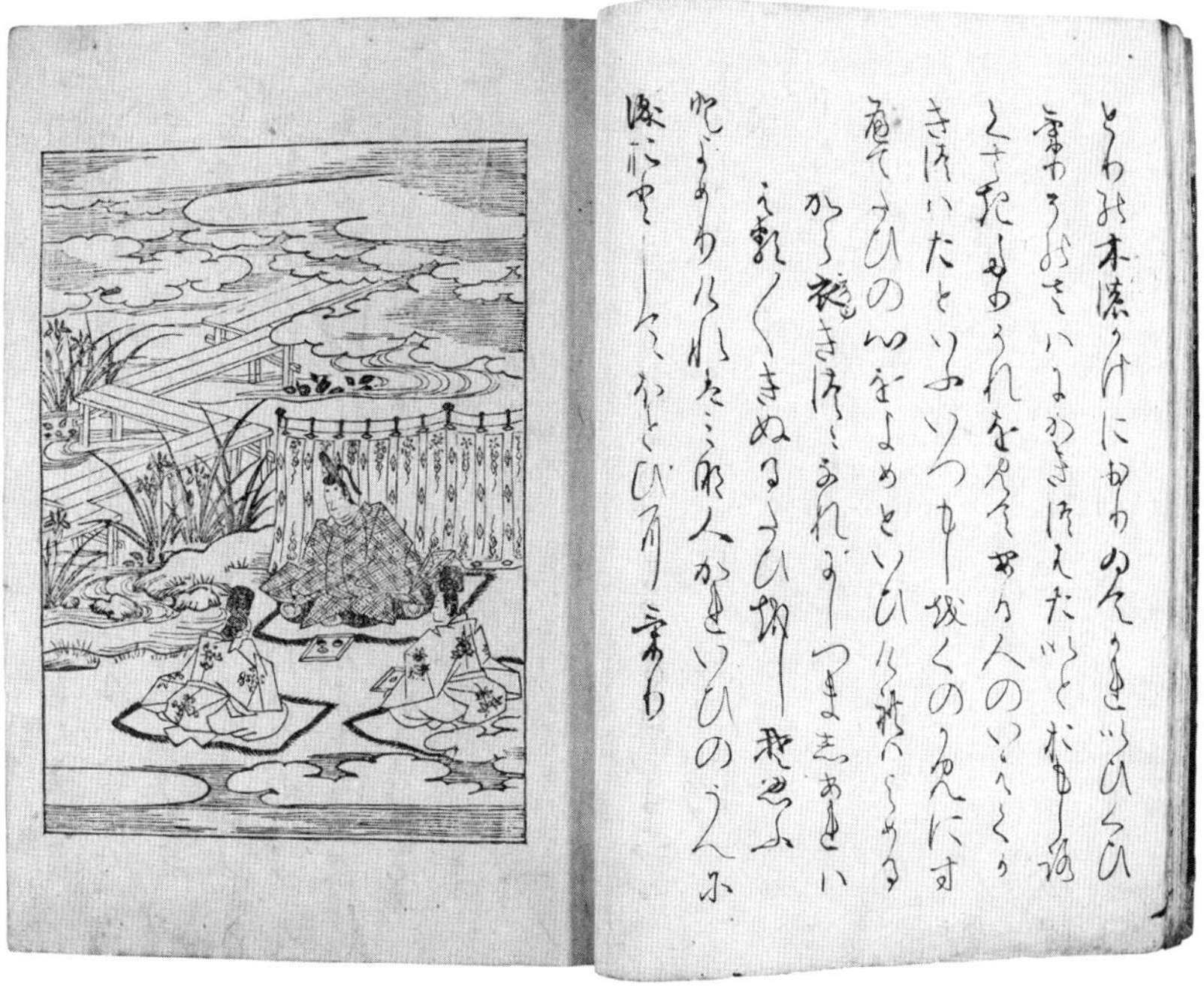

図15　嵯峨本『伊勢物語』。図13の『延寿撮要』と比べても、かなりひらがな化が進んでいる。漢字は少なくなり、2行目の下の「おもしろ」のような4字連続活字も使われる。

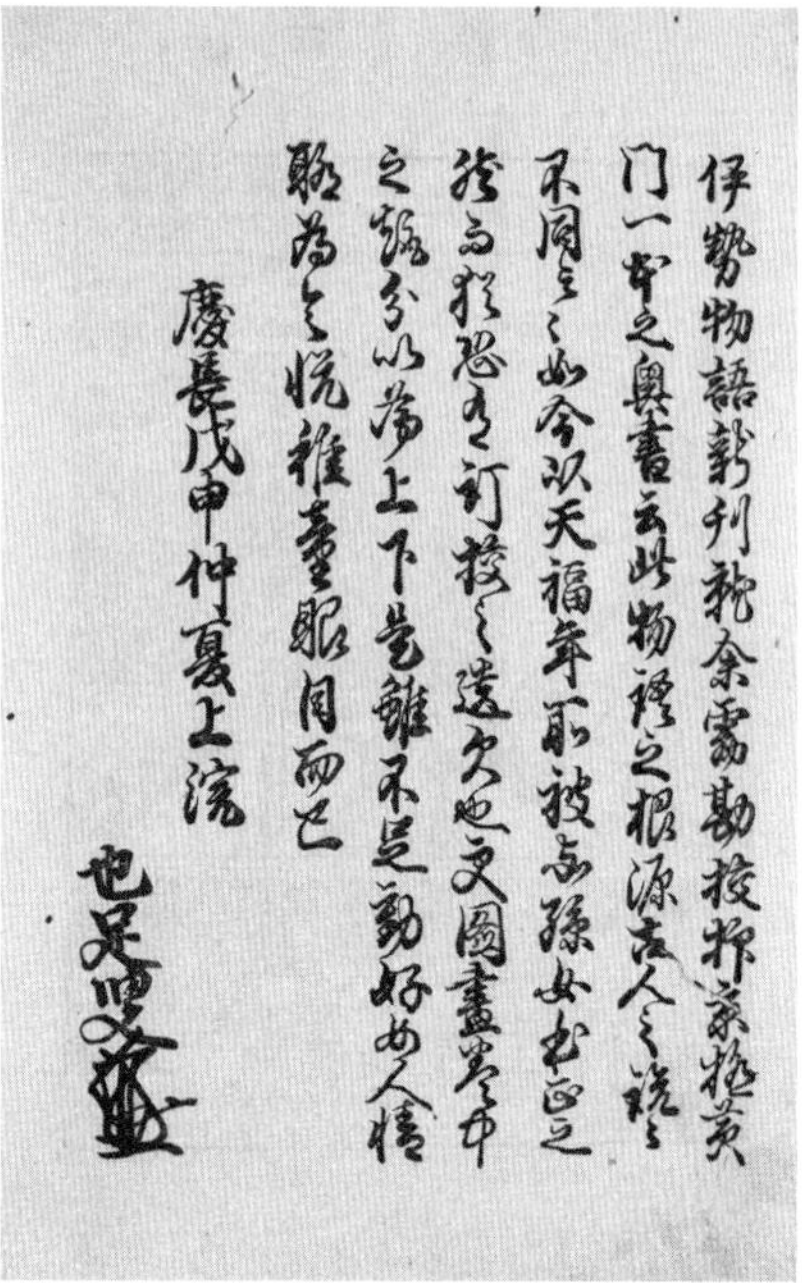

図16　嵯峨本『伊勢物語』跋文

名を記すことが一般になっていく。ひらがなの著作だからといって、名前を伏すことはなくなっていくのだ。

これらの傾向は、古活字版から整版本へと出版の技法が変化し商業出版が盛んになる十七世紀中頃にはじまり、江戸時代をとおして大きく花開くことになる。『延寿撮要』の切り開いた道は、たいへん大きなものであった。

漢文の呪縛

ひらがなを用いた出版が始まったとはいっても、漢文から完全に解き放たれたわけではない。『済民記』にしても『延寿撮要』にしても、その跋文は漢文で書かれている。『延寿撮要』には序文もあるが、それも漢文である。嵯峨本『伊勢物語』にも跋文（図16）があるが、これも漢文。本文にはひらがなを用いることができても、刊行の事情を説明するための正式な文章は漢文でなければならなかった。写本においても、その経緯を述べた書写奥書は決まって漢文で書かれている。その伝統を引き継いだものでもあっただろう。

中院通勝　安土桃山、江戸初期の公家。和歌をよくし、『源氏物語』の諸注釈書を大成した『岷江入楚《みんごうにっそ》』などの著作がある。也足軒《やそくけん》はその号。生没一五五六―一六一〇年。

花押　文末に書く署名の一種。本来自身の名前であったが、記号風に書くようになった。

嵯峨本『伊勢物語』の跋文は中院通勝《なかのいんみちかつ》▲が書いた。末尾の「也足叟」という通勝の署名までは印刷されているのだが、その後にある花押《かおう》▲はどの本もすべて筆で書かれている。花押が印刷では効力がないのだ。印鑑のような花押もあったようであるが、あくまで本人が書くのが原則だった。例えば、徳川家康が発給した文書があり、右筆《ゆうひつ》と呼ばれる秘書が本文を書いたとしても、最後に添える花押は家康本人が書かなければならないのである。通勝も、印刷された『伊勢物語』の一冊一冊に花押を書いていたと思われる。漢文の序跋を添えるのと同様、ここにも根強い保守性をみることができるだろう。

呪縛からの解放

本書で使っている『延寿養生』は、野中家烏犀圓《うさいえん》の蔵本で、直接原本を調査することができたもの。裏表紙に貼り付けられた最後の紙には本文の最後と刊記がある。その紙は糊《のり》がとれ、裏表紙からはがれているため、本来糊付けされていた面を見ることができる。そこに漢文跋の冒頭部分「此書僕ノ在」「下邑之」が薄く印刷されているのが見える（図17）。これはたいへん面白い現象である。寛政十二年（一八〇〇）に刊行された初版には漢文の跋が付されていた。ところが、後年、後刷り本を印刷する際、板木に残っていた跋文は刷り出さずに、裏表紙に貼り付けて封入してしまったものらしい。痕跡が残っているのは、刊記に墨を付けるときに、そのすぐ横にあった跋文の最初の部分にも少し墨がついてしまったためである。跋文は意図的に省略されたのだ。

このように、江戸時代になると、必ずしも漢文の序跋が必要ということでもなくなってくる。また、ひらがなで書かれた序跋も多くみられるようになる。『延寿撮要』が『延寿養生』になり、真に庶民のものとなったとき、漢文序跋の権威はいらなくなったといえるだろうか。

図17 『延寿養生』裏表紙貼付紙の裏。本来この面は糊によって裏表紙に貼り付けられていた。右上方に跋文の冒頭が、一部印刷されていることから、板木には跋文が彫られていたことがわかる。しかし後刷りの際、不必要と判断され封入されたらしい。右下にある落書きのようなものは、貸本屋や古本屋が書き込んだ符丁。

『**中朝事実**』「中朝」すなわち日本の皇統は途絶えることなく続いたものであり、王朝が激しく変転し夷狄の征服を受けた中国や朝鮮に比べて優れていることを説く。

四 ▶ 山鹿素行から本居宣長へ

図18は山鹿素行《やまがそこう》自筆本『中朝事実』▲の序文の部分。謹直な文字で書かれた漢文である。末尾に「於播陽之謫所」と記されるように、流罪となって謹慎していた播州赤穂《ばんしゅうあこう》において執筆された。

注目したいのは、文中に見える「中華」「中国」の文字である。上に一字分余白があるのは「闕字《けつじ》」といい、その下にある文字が指し示すものを敬ってあけるもの。同じ文中、「神明」「聖」「皇統」の文字にも闕字があり、神や天皇を敬ってのものであることがわかる。では、素行は天皇や神と同様に中国を敬っていたということなのか。

実は、この「中華」「中国」は日本のことをさしている。いわゆる中国は「外朝」ということばで示されており、その文字の上に闕字はない。ここには一体何が書かれているのだろうか。三行目の「愚生」から少し書き下してみよう。

愚、中華文明の土に生まれて、いまだその美なるを知らず。専《もっぱ》ら外朝の経典を嗜《たしな》み、嘐嘐《こうこう》としてその人物を慕う。何ぞその心を放せるにや。何ぞその志

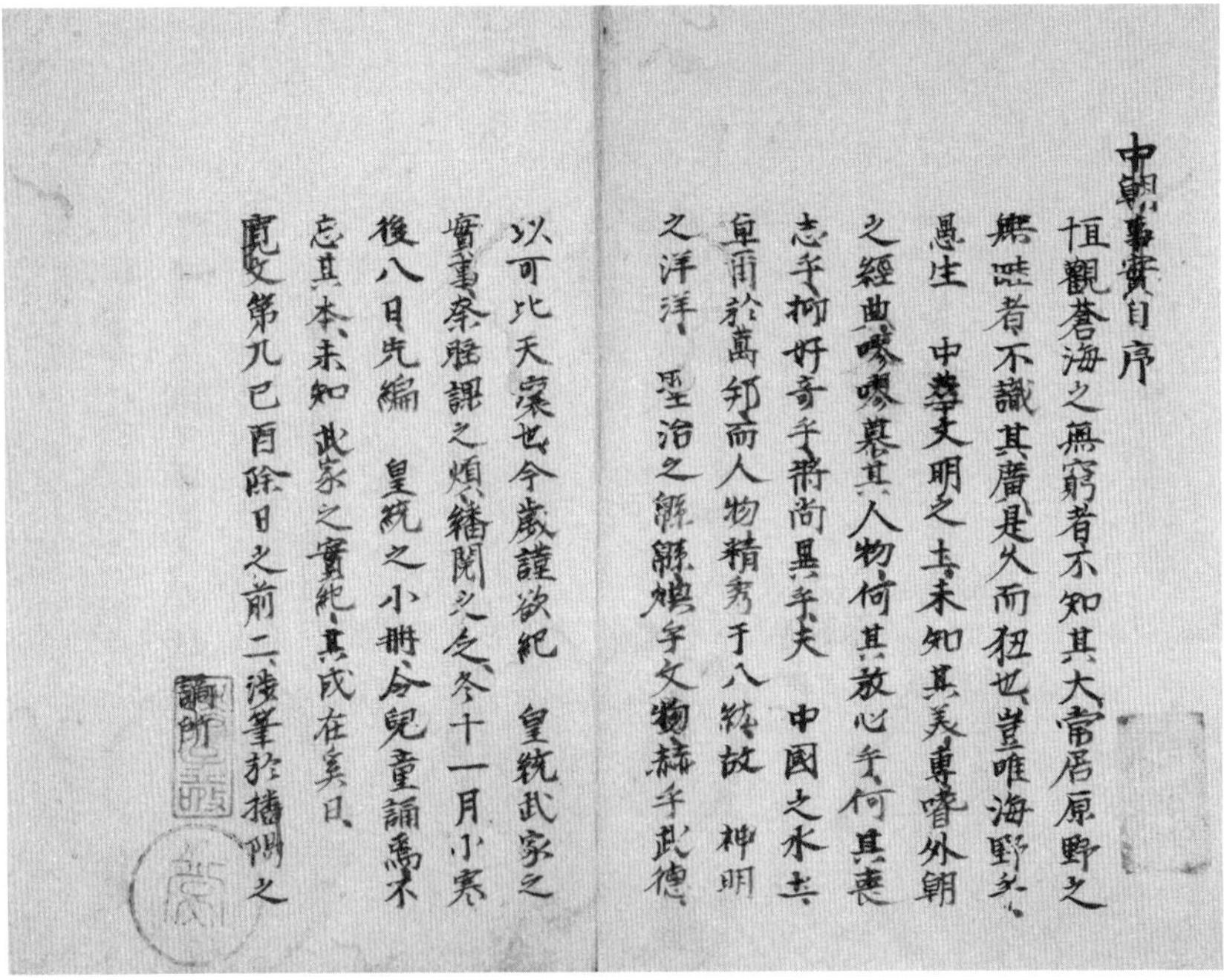
中朝事實自序
恒觀蒼海之無窮者不知其大常居原野之
無畦者不識其廣是久而狃也豈唯海野乎
愚生 中華文明之土未知其美專嗜外朝
之經典嘐嘐慕其人物何其放心乎何其喪
志乎抑好奇乎將尚異乎夫 中國之水土
卓爾於萬邦而人物精秀于八紘故 神明
之洋洋 聖治之緜緜煥乎文物赫乎武德
以可比天壤也今歲謹欲紀 皇統武家之
實事而睡課之煩緒閲之冬十一月小寒
後八日先編 皇統之小冊令兒童誦焉不
忘其本未知 武家之實紀其成在異日
寛文第九己酉除日之前二日淺筆於播陽之
謫所

図18　素行自筆本『中朝事実』。素行は寛文６年（1666）から延宝３年（1675）まで赤穂に配流されていた。よってこの序の年記寛文９年はその配流中である。反朱子学によって流されているのだが、より思考を深め、反中国にまで及んでいることに注意すべきである。

を喪《うしな》えるにや。さても奇を好むか。はた異を尚《とうと》ぶか。それ中国の水土は万邦に卓爾《たくじ》として、人物は八紘《はっこう》に精秀たり。

訳をしなくてもおおよそのことはわかるだろう。我が国日本こそが世界に冠たる国であって、国土もそこに住む人々も優れているということに気づいたというのだ。これまでは、美しい日本に住んでいながら、日本の美しさに気がつかなかった。外朝の書物ばかりを読み、その国の人を慕っていた。なんとまあ志を喪っていたことだと慨嘆する。

不思議ではないか。もともと中国のことばである漢文を用いて、日本の方が優れているという。中国の経典を読んできたことを反省しながらも、用いていることばは中国のことばである漢文なのだ。素行は日本の風土や人々の美しさに気がついたのに、その人々が使っている日本のことばには美を見いださなかったのだろうか。

山鹿素行

山鹿素行は元和八年（一六二二）会津に生まれた。江戸に移り、九歳で林羅山《はやしらざん》▲に入門し漢学を学んだのをはじめ、小幡景憲《おばたかげのり》▲、北条氏長《ほうじょううじなが》▲に兵学を、広田坦斎《ひろたたんさい》▲に歌

林羅山　江戸前期の儒学者。最初京都建仁寺で儒学と仏教を学ぶが、朱子学を奉じるようになる。徳川家康から家綱まで四代の将軍の侍講となり、幕府官学としての朱子学の基礎を築いた。生没一五八三—一六五七年。

小幡景憲　江戸前期の甲州流軍学者。関ヶ原の戦や大坂の陣で戦功をあげ、幕府に仕え、千五百石を領した。多くの門人を育て、後の兵学各流に大きな影響を与えた。生没一五七二—一六六三年。

北条氏長　江戸前期の旗本、軍学者。小幡景憲について軍学を学ぶ。北条流軍学の祖とされる。生没一六〇九—一七〇年。

広田坦斎　江戸前期の神道家。忌部《いんべ》氏。忌部神道を唱道し、古典や和歌にも造詣が深かったとされるが、伝未詳。生没年未詳。

学を、按察院光宥《あんさついんこうゆう》▲に神道を学ぶなど、幼い頃から多方面に学んでいる。一時期、赤穂藩主浅野長直に仕えていた。兵学者として名をなし、朱子学によらない新しい聖人の学問を唱え、寛文五年（一六六五）『聖教要録』▲を刊行。しかし、この著書が幕府の忌諱《きき》に触れ流罪となり、翌寛文六年から延宝三年（一六七五）までの九年間、赤穂浅野家へお預けとなった。配流の間にも思索を深め、『中朝事実』や『武家事紀』▲など、盛んな執筆活動を行っている。赦免の後、江戸田原町に積徳堂を開き、門弟の教育にあたった。貞享二年（一六八五）六十四歳で没する。

その思想の特徴は、『中朝事実』の序文に典型的にみられる、独自の儒学思想にあるといえるだろう。国粋的な思考を深めながらも、理論的なよりどころは儒学に置く。伝記にもあるように、もともと歌学を含め貪欲《どんよく》ともいえるほど多方面の学問を吸収しているのだが、歌学とは決別してしまうのだ。

歌学との決別

『中朝事実』と同様に、赤穂の配所で書かれた書物がある。その名も『配所残筆』。素行自身がどのような学問をしてきたのかを綴っているのだが、そのなかに次のような記事がある。

按察院光宥　未詳。

『聖教要録』　直接孔子などの聖人のことばを学ぶべきであると主張する、古学を説いた書物。そのため、漢代以降の訓古学、朱子学、陽明学などの後世の解釈を批判する。

『武家事紀』　武家の歴史と地理、制度、武芸、故実など関連する事項をまとめた書物。

一、同年［十七歳］より歌学を好み、二十歳迄之内に源氏物語不残《のこらず》承、源語秘決迄令相伝《そうでんせしめ》候。伊勢物語・大和物語・枕草子・万葉集・百人一首・三部抄・三代集迄、広田坦斎相伝仕候。依之源氏私抄、万葉・枕草子・三代集等の私抄注解、大分撰述仕候て、詠歌の志深、一年に千首之和歌を詠候得共《よみそうらえども》、存候子細有之、其後は棄置之候。唯今以右広田坦斎方より歌学之儀不残相伝仕候段書付御座候。

（『日本思想大系　山鹿素行』による）

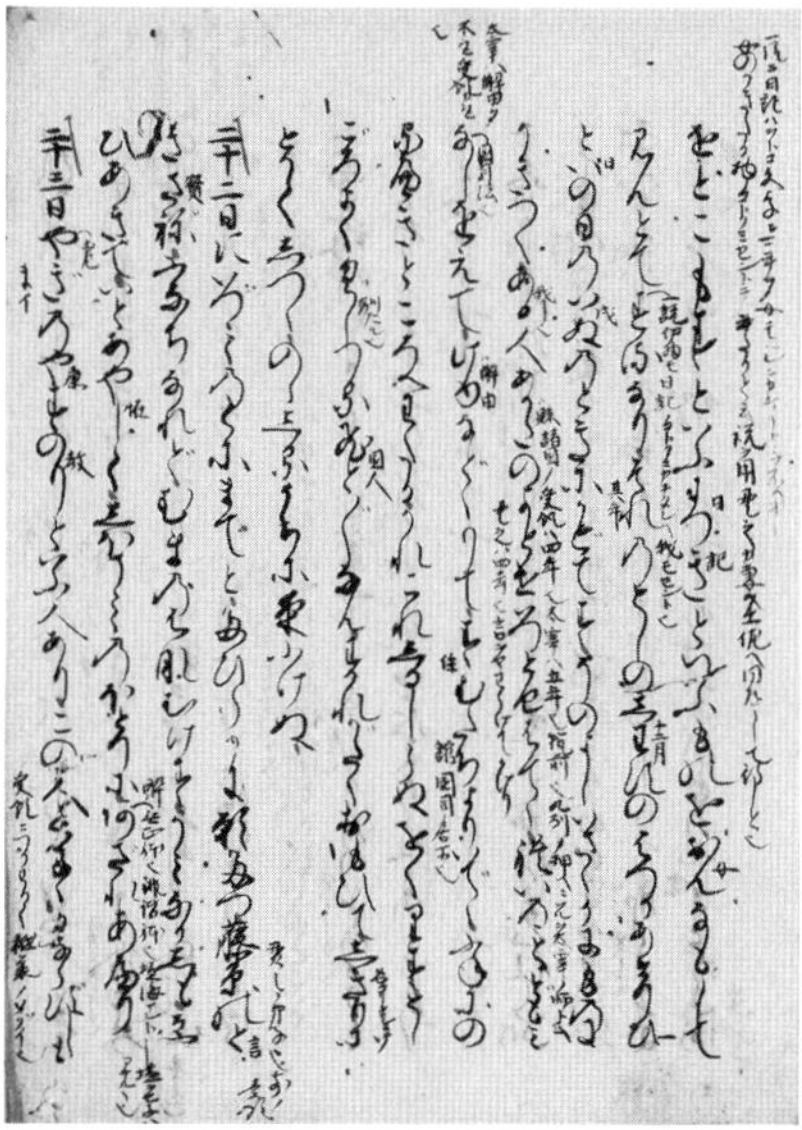
図19　素行筆『土佐日記』

『万葉集』をはじめとして『源氏物語』や「三代集」など、相伝を受けるほどであり、さらにはそれらの私注を撰述し、年間に千首もの和歌を詠んでいたという。ひととおりやってみたという程度では済まないほどの精進ぶりである。それを裏付けるように、素行筆の『土佐日記』（図19）も残されている。

それを「存じ候子細これあり」と、あっさり捨ててしまったというのだ。しかし、この記事によって、素行が決してことばに無関心だったわけではないことがわかる。理由は明らかにしていないが、ひらがなの歌学を捨てて、あえて漢文の学問を選んでいるのである。その背景に漢字とひらがなの対立の構図があるように思われるのだ。

学問とは何か

一　天子諸芸能之事、第一御学問也。不学則不明古道、而能政致太平者末之有也。貞観政要明文也。寛平遺誡、雖不窮経史、可誦習群書治要云々。和歌自光孝天皇未絶、雖為綺語、我国習俗也。不可棄置云々。所載禁秘抄御習学専要候事。

よく知られた『禁中《きんちゅう》並《ならびに》公家諸法度《くげしょはっと》』（慶長二十年（一六一五））の第一条である。江戸時代を通じて、天皇と公家のあり方を規定しつづけた重要な法度であるが、その冒頭はこのように学問の規定からはじまっている。「学問しなければ、道理は明らかにならない、道理を明らかにせずに政治を能くし世を太平にした者などいない」といい、『貞観政要《じょうがんせいよう》』▲（図20）を勧める。次に『寛平御遺誡』を引用し、『群書治要《ぐんしょちよう》』▲を読み習えという。『貞観政要』も『群書治

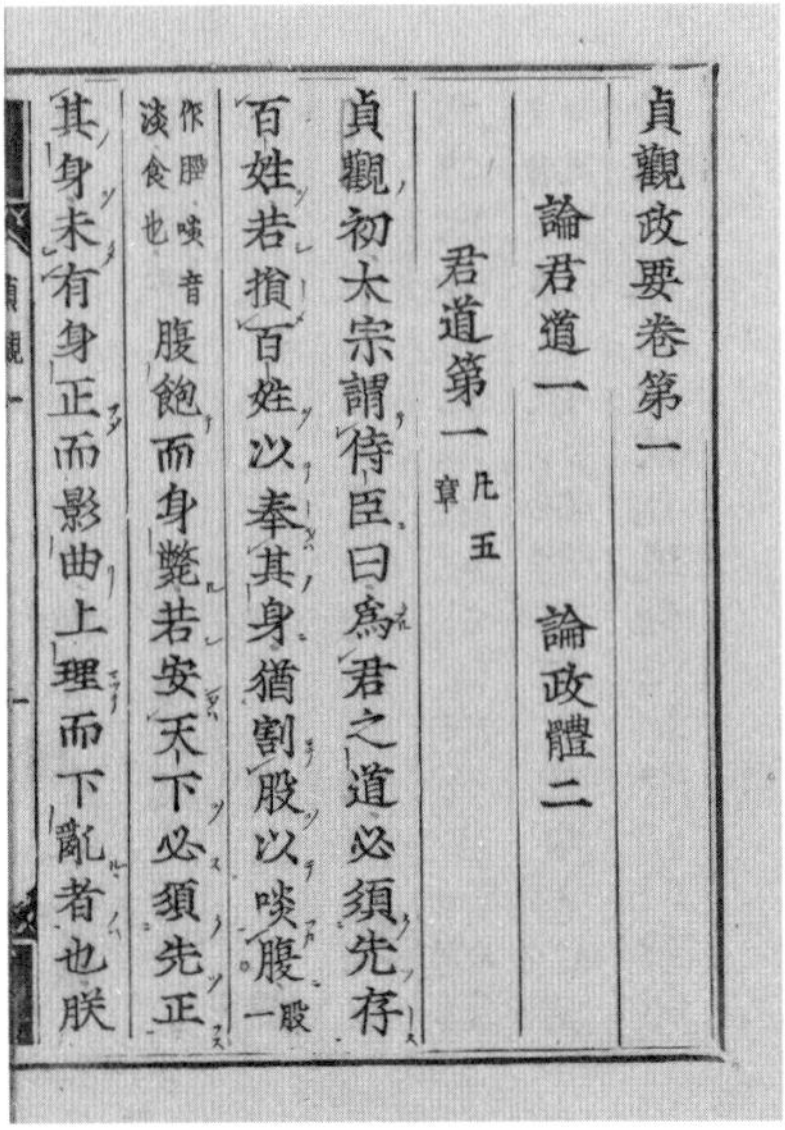

図20　伏見版『貞観政要』

『貞観政要』　唐の太宗と臣下の問答などを編纂した書物。中国、朝鮮、日本の歴代帝王たちが帝王学の教科書として読んできた。慶長五年（一六〇〇）徳川家康が古活字版（伏見版）を刊行する。

『群書治要』　唐の太宗の命により編纂された、政治の要諦を抜萃編集した書物。これも帝王学の教科書として読まれた。家康が元和二年（一六一六）に古活字版（駿河版）を刊行する。

要』も実践的な政治を行うための帝王学の教科書であり、「経史を窮《きわ》めずといえども」という一文を挟んでいるために、道徳や理論ではなく実践が重要であることがなお一層強調されることになる。天皇に実践的な政治の学問を勧めているのだ。さらには、この二書が徳川家康によって刊行されていることは注目に値する。家康は天皇に勧める本を用意していたわけである。

素行の目指すところも、まさにその実践的な政治であった。そうしてその実践的な学問は、中国の書物に求められていることも共通している。学問とは漢文をもって行うものなのである。

綺語としての歌学

『禁中並公家諸法度』は、歌学について「我が国の習俗であるから、捨て置いてはいけない」とするが、そこには「綺語《きご》ではあるけれど」という微妙な留保がつく。「綺語」とは「真実にそむいて、巧みに飾ったことば。虚飾のあることば。十悪の一つ」（『日本国語大辞典』）という意味であり、決して良い概念で使われてはいない。

ここで「源氏供養」が思い出される。『宝物集《ほうぶつしゅう》』▲（巻六、『今物語』三十八にもあり）によれば、そらごとをもって『源氏物語』を書くという不妄語戒《ふもうごかい》を犯した罪

『宝物集』 鎌倉時代成立の仏教説話集。平康頼《たいらのやすより》の著述とされる。

によって地獄に落ちて苦しんでいる紫式部が、ある人の夢に現れ、『源氏物語』を焼き捨てて、経を書いて救ってほしいと願う。そこで、歌詠みたちが集まって供養のための法要をした。その法要が「源氏供養」である。実際に行ったという記録も残る。ひらがなで書かれた物語には、なにかうしろめたいところがあるようだ。

『禁中並公家諸法度』のこの部分も『寛平御遺誡』の引用である。江戸時代になって幕府がそう言いだしたのではなく、七百年も前の寛平九年（八九七）、宇多天皇によって言い置かれていたわけである。

極端に言えば、真実としての漢字、虚妄としてのひらがなという対立の構図が成り立つのだ。まさに真名と仮名である。素行が歌学と決別したのも、そこに虚妄や綺語をみたからではなかったか。

ことばそのものの探究へ

山鹿素行の考え方は『論語』などの原典を読むことによって、直接孔子の思想に迫ろうというものであった。伊藤仁斎《いとうじんさい》▲も同様の考え方を主張する。仁斎は『論語』と『孟子』を儒教の中心となる経典と位置づけ、後代の解釈を排除することで、孔子の意図を明らかにしようとする。新しい朱子学による解釈ではなく、古

伊藤仁斎　江戸前期の儒学者。はじめは朱子学に傾倒したが、のち否定して、孔子の原義を求めるようになる。京都堀川に古義堂を開き、多くの門人を育てた。生没一六二七—一七〇五年。

荻生徂徠　江戸中期の儒学者。柳沢吉保《よしやす》に抱えられ、徳川綱吉にも進講。中国の経書は中国語の音で読まなければわからないとし、漢文訓読を否定する。生没一六六六―一七二八年。

い孔子のことばの意味を明らかにするということで、〈古義学〉と呼ばれている。

その後、さらにことばにこだわった方法をとる人物が現れる。荻生徂徠《おぎゅうそらい》▲である。『論語』のような中国古代の著述を正しく読むためには、中国古代のことばを正しく理解することから始めなければならないというのが徂徠の主張である。古いことばをあきらかにすることから、〈古文辞学〉と呼ぶ。古代の中国の文章は古代の中国音で読まなければならないのである。

一、訳文トハ、畢竟唐人ノ語ヲ日本ノ語ニ直スコトナリ。ソコニ唐人詞ト日本詞ノ大段ノ違《チカヒメ》アリ。ソレハ唐土ノ詞ハ字ナリ、日本ノ詞ハ仮名ナリ。日本バカリニアラズ、天竺ノ梵字、胡国ノ胡文、韃《ダツ》子ノ蕃字、安南ノ黎字、南蛮ノ蛮字、朝鮮ノ音文皆仮名ナリ。仮名ハ音ハカリニテ意ナシ。仮名ヲイクツモ合セテ、ソコデ意出来ルナリ。字ハ音アリ、意アリ。タトヘバ日本ニテハアキラカト四詞ニ言フ処ヲ、唐デハ明《ミン》ト一詞ニテスマスナリ。日本ニテキヨシト三言ニイフ処ヲ、唐テハ清《チン》ト一言ニテスマスナリ。サルニヨリ日本ニテハ、イロハノ四十八字ニ四十八音アリテ、ソレニテ埒明クナリ。唐土ニテハ詞短キユヘ、同シチント云音ノ内ニ軽重清濁平上去入トテ様々呼ヤウニテ、ソレソレニ意ガカワルナリ。此唐人ノコシラヘタルコトニテハナシ。自然ニ

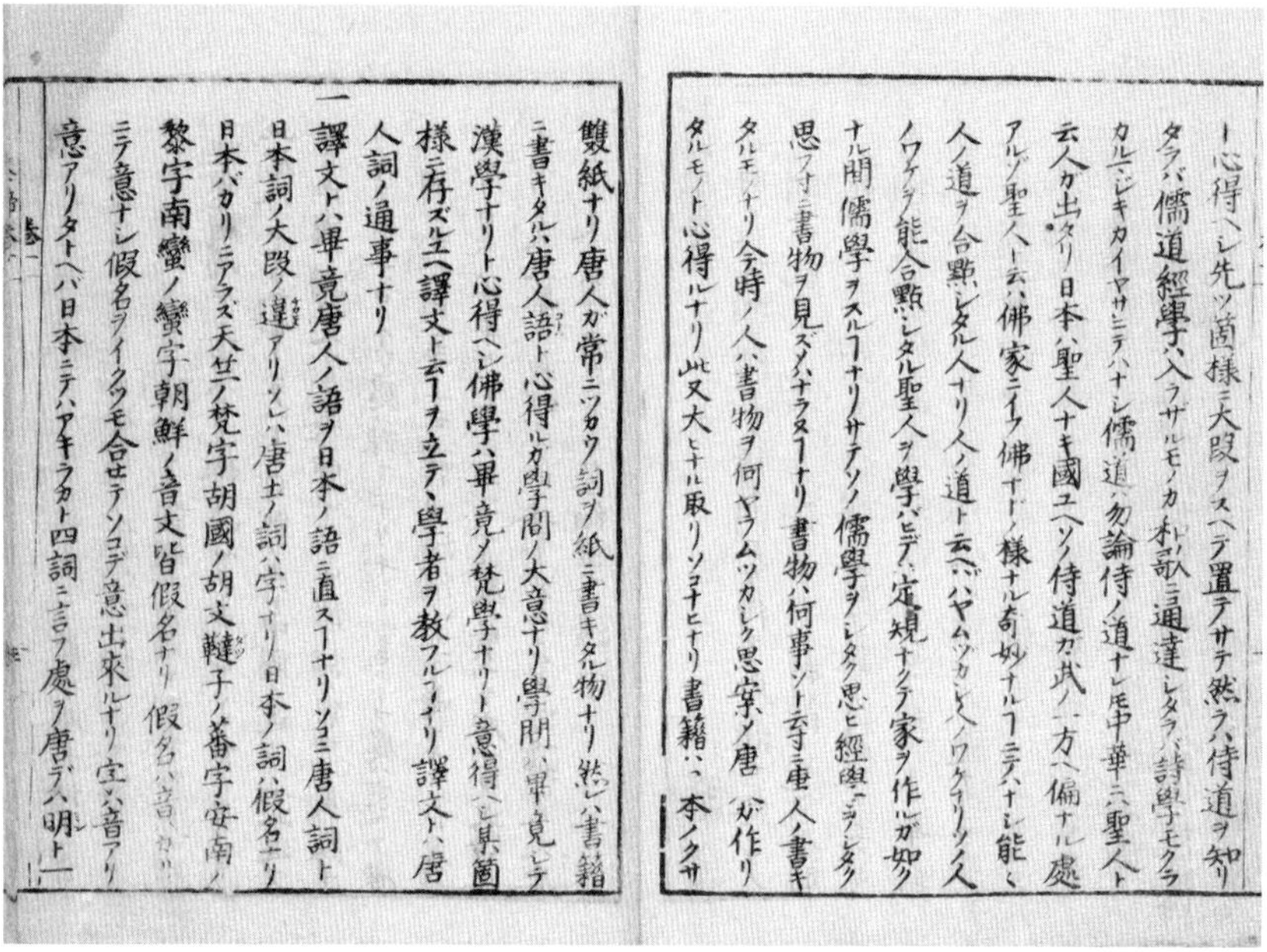
ト心得ヘシ先ツ箇様ニ大段ヲスヘテ置テサテ然ラハ侍道ヲ知リ
タラバ儒道經學ハ入ラザルモノカ和歌ニ通達シタラバ詩學モクラ
カルヘジキカイヤサニテハナシ儒道ハ勿論侍ノ道ナレモ中華ニハ聖人ト
云人カ出タリ日本ハ聖人ナキ國ユヘソノ侍道ガ武ノ一方ヘ偏ナル處
アルゾ聖人ト云ハ佛家ニイフ佛ナドノ様ナル奇妙ナルヿニテハナシ能ク
人ノ道ヲ合點シタル人ナリ人ノ道ト云ヘバハヤムツカシク人ノワケナリツノ人
ノワケヲ能合點シタル聖人ヲ學バヒデハ定規ナクテ家ヲ作ルガ如ク
ナル間儒學ヲスルヿナリサテソノ儒學ヲシタク思ヒ經學ニヿシタク
思フ才ニ書物ヲ見ズシハナラヌヿナリ書物ハ何事ゾト云ヘニ唐人ノ書キ
タルモノナリ今時ノ人ハ書物ヲ何ヤラムツカシク思案ノ唐ガ作リ
タルモノト心得ルナリ此又大ヒナル取リソコナヒナリ書籍ハ一本ノクサ
雙紙ナリ唐人ガ常ニツカウ詞ヲ紙ニ書キタル物ナリ然レハ書籍
ニ書キタルハ唐人語《コト》ト心得ルガ學問ノ大意ナリ學問ハ畢竟シテ
漢學ナリト心得ヘシ佛學ハ畢竟ソ梵學ナリト意得ヘシ其箇
様ニ存ズルユヘ譯文ト云ヿヲ立テ學者ヲ教フルヿナリ譯文トハ唐
人詞ノ通事ナリ
一譯文トハ畢竟唐人ノ語ヲ日本ノ語ニ直スヿナリソコニ唐人詞ト
日本詞ノ大段ノ違アリソレハ唐土ノ詞ハ字ナリ日本ノ詞ハ假名ナリ
日本バカリニアラズ天竺ノ梵字胡國ノ胡文韃子ノ蕃字安南ノ
黎字南蠻ノ蠻字朝鮮ノ音文皆假名ナリ假名ハ音バカリ
ニテ意ナシ假名ヲイクツモ合セテソコデ意出來ルナリ字ハ音アリ
意アリタトヘバ日本ニテハアキラカト四詞ニ言フ處ヲ唐デハ明ト一

図21　『訓訳示蒙』

夷ト中国ノ違ニテ如此違フナリ。中国ノ詞ハ文ナリ、夷ハ質ナリ。中国ノ詞ハ密ナリ、夷ハ疎ナリ。キヨシト三言ニイフ処ハ疎ナルナリ。チント一言ニイフ処ハ密ナリ。唐人ハ同シチンノ内ニ平上去入軽重清濁ノ品々ノ呼ワケノアル処ハ文ナリ。日本ハチンナレバチント云、只一ツナル処ハ質ナリ。唐土ヲ文物国ト名ツケ、又文華ノ義理ニテ中華ト名付タルモ此道理ナリ。又唐土ニハ聖人ト云モノ出タルモ、サヤウニ細密ナル国ユヘナリ。

（『訓訳示蒙』明和三年版による。句読点を補った。図21）

これは徂徠の著作『訓訳示蒙』の一節である。中国と夷とのことばの優劣を述べている。夷は中国周辺の異民族を指し、その中に日本も含まれている。日本語と中国語とを比較して、日本語を〈質〉、中国語を〈密〉、つまり、ひらがなは質朴単純で、漢字は複雑重層的だとする。例として「清」をとりあげているが、ひらがなで書けば「チン」という音を示しているに過ぎないが、漢字の「清」には清濁や四声、さらには意味までも含まれていて優れているというのだ。そういう優れた文字を使っているから、中国は中華であり、そこに聖人も生まれるという。山鹿素行の『中朝事実』とは対極の考え方が、文字のあり方から導き出される。漢字とひらがなとの優劣論もここに極まったかの感がある。

白話の重視

徂徠は、従来日本人がもちいてきた漢文訓読による漢籍読解は、中国語を日本語として読んでいるに過ぎず、中国語として正しく理解しているわけではないとし、漢文訓読を否定する。そして中国語そのものを話せるようになるための学習を勧める。当時、口語としての中国語を「白話《はくわ》」と呼んでいた。白話による会話ができるほどでなければならないというのである。

なにやら現在の英語教育をめぐる状況と似ているように思われる。これまで日本人は「読み書き」中心に英語教育を受けてきた。しかし、いくら読み書きできても、外国の人々と英語で直接会話することができていないではないか。それでは外国を真に理解したとはいえない。だから今後は英会話を中心とした英語教育が必要だという。「英語」を「中国語」に、「英会話」を「白話」に置き換えれば、そのまま徂徠の主張となる。

ただ、引用した『訓訳示蒙』の一節は論理としては飛躍している。徂徠は「質」は悪く、「密」を良いものと評価しているが、これは中国を聖人の国として、優れたものとするという結論から逆に導き出された結果であろう。中国を尊ぶ徂徠の主観といってもよい。質素純朴を良いものとし、複雑重層的なものを悪いととらえれば、評価は逆転してしまうのだ。

そのように、荻生徂徠の方法をそのまま用いて、全く逆の結論を出したのが本居宣長であった。

本居宣長

本居宣長は享保十五年（一七三〇）伊勢松坂の商家に生まれた。商売に向いていなかったようで、二十三歳（宝暦二年（一七五二））の時、京都に出て、堀景山《ほりけいざん》▲に漢学を、堀元厚《げんこう》▲、武川幸順《たけかわこうじゅん》▲に医学を学ぶ。景山からは朱子学だけでなく、徂徠の古文辞学や契沖《けいちゅう》▲の国学など、和漢の学を幅広く学んでいる。宝暦七年（一七五七）松坂に帰り医者として開業する。そのかたわら『万葉集』『古今和歌集』『源氏物語』など国学の研究を深めるとともに、門人への教育も行った。享和元年（一八〇一）没、七十二歳。

その学問の特徴は、古語の実証的な研究である。日本の古典文学作品を正しく理解するためには、そこに書かれていることばを正しく理解しなければならないとするもの。この方法自体は、前述の荻生徂徠が儒教の経典について主張していたことと同じである。儒学者としての徂徠が、優れたものとして考究の対象としていた『論語』などの経書を、『万葉集』や『源氏物語』などの日本語で書かれた作品に置き換えたのである。

堀景山　江戸中期の儒学者。儒医として知られた。広島藩主浅野吉長《よしなが》に仕える。生没一六八八―一七五七年。

堀元厚　江戸中期、京都の医師。著書に『医学須知』『医案啓蒙』がある。生没一六八六―一七五四年。

武川幸順　江戸中期、京都の医師。代々の小児科。宣長は元厚没後、幸順に入門。共に景山に学ぶ。生没一七二五―八〇年。

契沖　江戸前期の国学者。十一歳で出家。徳川光圀の意を受け『万葉集』の注釈を行い『万葉代匠記』を執筆。実証的な研究方法で、歴史的仮名遣いをあきらかにする。その方法は宣長に大きな影響を与えた。生没一六四〇―一七〇一年。

藤井高尚　江戸後期の国学者。岡山吉備津神社の祀官。本居宣長に入門して国学を学ぶ。生没一七六四―一八四〇年。

もののあはれ

次に引用するのは、本居宣長の『源氏物語玉の小櫛《おぐし》』（寛政十一年（一七九九）刊）の一節である。図22は藤井《ふじい》高尚《たかなお》▲によって書かれた序の部分であるが、漢文ではなく、ひらがなの連綿体であることに注意したい。

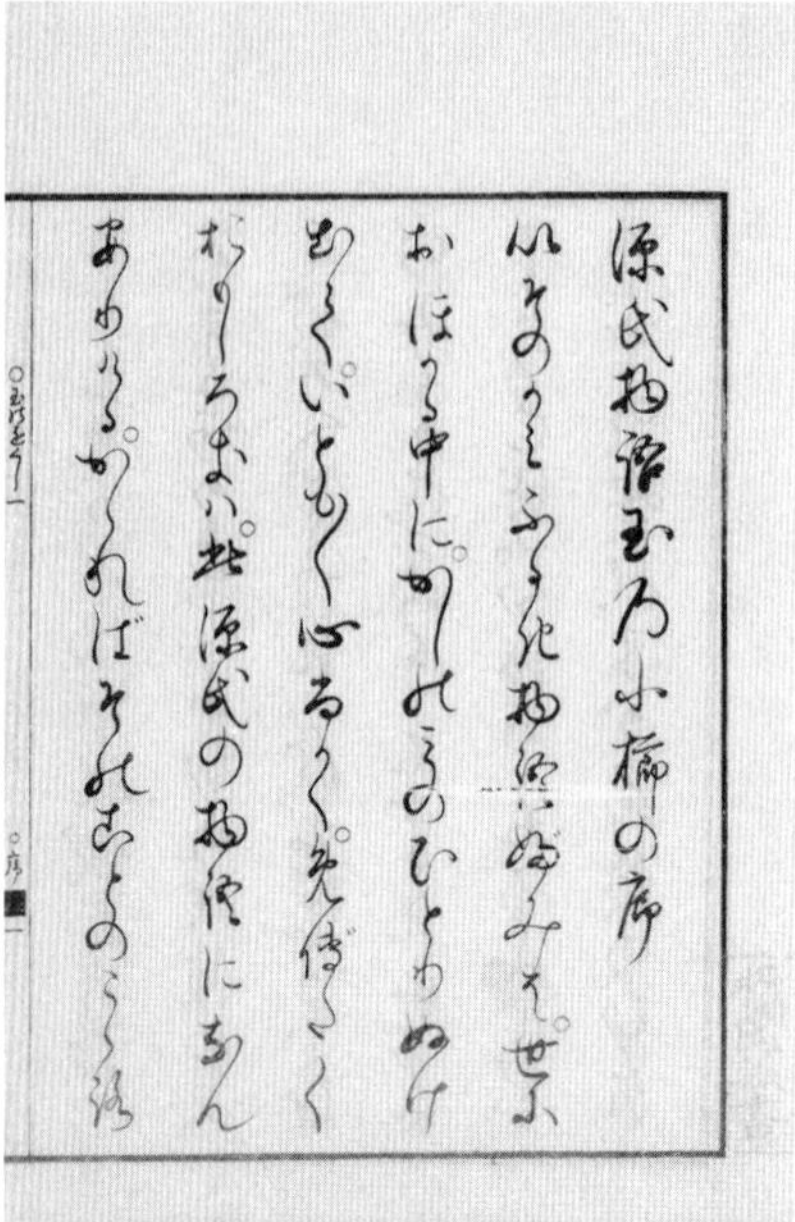
図22　『源氏物語玉の小櫛』

○人の情の感ずること、恋にまさるはなし、［中略］さて恋につけては、そのさまにしたがひて、うき《［憂］》こともかなしき事も、恨めしき事もはらだゝしきことも、おかしきこともうれしきこともあるわざにて、さまざまに人の心の感ずるすぢ《［筋］》は、おほかた恋の中にとりぐし《［具］》たり、かくて此物語は、よの中の物のあはれのかぎりを、書あつめて、よむ人を、深く感ぜしめむと作れる物なるに、此恋すぐれて深きところの味ヒ《［あじわ］》は、あらはしがたき故に、事に此すぢを、むねと多く物して恋する人の、さまざまにつけて、なすわざ思ふ心の、とりどりにあはれなる趣を、いともいともこまやかに、かきあらはして、もののあはれをつくして見せたり、［後略］

（『源氏物語玉の小櫛』二の巻）

恋には、つらいこと、悲しいこと、恨めしいこと、腹立たしいこと、可笑《おか》しいこと、うれしいことなど人間のさまざまな感情があらわれる。そういうものを取り集めて『源氏物語』は書かれている。その目的は、上記のようなさまざまな人間の感情、すなわち「もののあはれ」を尽くしてみせることにあるとする。

儒教・仏教の否定

宣長はさらに続ける。

○此物語の本意を、勧善懲悪といひ、殊《こと》には好色のいましめ也といふは、いみじきひがごと也、〔中略〕さばかりの恋のすぢには、みだれおほくして、殊にいともかしこき、みかどの御たねをさへ、みだり奉りたる人なれば、よのつねの論をもていはば、神も深くにくみとがめ給ひて、いみじき禍にもあひ給ふべきに、よのかぎりめでたく栄えて、帝と后と大臣とを、御子にもち給ひ、その身太上天皇の尊号をさへ得給ひ、大かた此世にあかぬ事なく、末末までさかえ給ふを見ては、たれかは好色をつゝしむ心をばおこさむ、中ごろしばししづ〔沈〕み給ふこと有しは、弘徽殿ノ大后の、よこさまにかまへ給へるしわざとして、天の下の人みなかなしみ、神仏もとがめ給ふさまに書キたれば、いよいよ好色のいましめにはなりがたく、懲悪の意さらになし、なほしひて、ことわりをもていひはげまさば、此君は好色によりて、太上天皇にはなり給へるにあらずや、〔後略〕 （同前）

仏教の側では、こういう部分を指して狂言綺語とし、紫式部地獄落ちの伝説を作りあげた。また、儒教の立場では、光源氏の反道徳的な行いを反面教師とし、勧善懲悪の物語として読もうとする。

しかし、宣長はそのような考え方を認めない。光源氏が、父桐壺帝の妻である藤壺の女御とちぎって子までなしてしまう、物語中最大の冒瀆ともいえることについても罪ではないとする。最後には、光源氏が太上天皇に登りつめたのも、仏教や儒教で否定する好色のおかげではないかとさえ言いきってしまう。現在ならさしずめ「炎上」必至の考え方だろう。しかし宣長は、人間の真情を道徳や戒律で縛ってしまう儒教や仏教こそ、間違っているとするのである。

こうして宣長は、素行とも、徂徠とも対極といえる結論に達する。歌学を捨て、漢文による聖賢の学を志しながらも、結果として日本こそが中華であるとした山鹿素行。古代の聖賢の真意を理解するには、そのことばを極めなければならないとし、中国語の習熟を目指した荻生徂徠。日本古来の人々のこころを理解するために日本語の研究を極めた本居宣長。それぞれ方法も結論も違ってはいたが、三者に共通するのは、ことばの探究を通して古代の人々の真意に迫ろうとすることであった。

おわりに

貫之は下手な歌よみにて『古今集』はくだらぬ集に有之候。〔中略〕貫之とても同じ事に候。歌らしき歌は一首も相見え不申候。

正岡子規『歌よみに与ふる書』（明治三十一年（一八九八））にみえる、よく知られたことばである。ここで子規は、これまで権威として通用してきた『古今和歌集』と紀貫之を徹底的に批判し、新しい短歌を提唱する。

外国の語も用ゐよ、外国に行はるる文学思想も取れよと申す事につきて、日本文学を破壊する者と思惟する人も有之《これあり》げに候へども、それは既に根本において誤りをり候。たとひ漢語の詩を作るとも、洋語の詩を作るとも、将《は》たサンスクリットの詩を作るとも、日本人が作りたる上は日本の文学に相違無之《これなく》候。唐制に模して位階も定め、服色も定め、年号も定め置き、唐ぶりたる冠衣を著け候とも、日本人が組織したる政府は日本政府と可申候。英国の軍艦を買ひ、独国の大砲を買ひ、それで戦に勝ちたりとも、運用したる人にして日本人ならば日本の勝と可申候。しかし外国の物を用うるは、如何にも残念なれば日本固有の物を用ゐんとの考ならば、その志には賛成致候へども、とても日本の物ばかりでは物の用に立つまじく候。文学にても馬、梅、蝶、菊、文等の語をはじめ、一切の漢語を除き候はば、如何なる者が出来候べき。『源氏物語』、『枕草子』以下漢語を用ゐたる物を排斥致し候はば、日本文学はいくばくか残り候べき。それでも痩我慢に、歌ばかりは日本固有の語にて作らんと決心したる人あらば、そは御勝手次第ながら、それを以て他人を律するは無用の事に候。日本人が皆日本固有の語を用うるに至らば日本は成り立つまじく、日本文学者が皆日本固有の語を用ゐたらば、日本文学は破滅可致候。

新しい短歌は、ことばの面でも新しくならねばならない。外国のことばを用いてもよいではないか。たとえ外国のことばを用いたとしても、それを日本人が運用しているのであれば、それが日本の短歌なのだ。現に伝統的な和歌においても、馬だの梅だの中国のことばをそのまま用いているではないか、と主張する。実際に、これ以後の短歌には漢語をはじめとして、外来語も多用されるようになっていく。まさに『サラダ記念日』▲への道を切り開いたといえる。

▲『サラダ記念日』 一九八七年刊行の俵万智の第一歌集。

表記に関しても、「漢語を用ゐたる物を排斥致し候はば、日本文学はいくばくか残り候べき」という主張はもっともである。現在の我々にしても、漢語を排除しては文章は書けない。一方、この子規の主張を徹底していけば、ひらがなや漢字を使わずとも、ローマ字で書いても、あるいはフランス語であっても日本人が運用しているのだったらそれは日本語だということにはならないだろうか。子規もそこまではいっていないので、あくまで極端に押しつめていった場合であるが、そういうことも考え得る。子規は表記に関してはあまり意識していなかったのだろうか。漢語を中心として書いたものが公式に通用するもので、ひらがなだけで書いたものは一段低くみるという伝統に無意識に乗っているだけのようにもみえる。なによりも、その文章そのものが返読文字を多用した和漢混交の候文《そうろうぶん》である。

本書でみてきたように、貫之や宣長は漢語を廃した和文に対して相当に意識的であったと考える。また、漢文あるいは中国語そのものに習熟せよと主張する徂徠にしても、やはり意識してのことであった。表記を思想としてとらえるゆえんである。

漢字制限論やかなだけで日本語を表記しようという運動▲がある。しかし、それらはマイナーであって、日本人の考え方の主流にはなっていない。漢字とひらがなを混ぜて書くのが日本語であると、なんとなく思い込んでいるだけのように思

かなだけで……　大正九年（一九二〇）に創設されたカナモジカイがある。雑誌『カナ ノ ヒカリ』を発行。現在でも活動を続けており、公式サイトがある。

われるのだ。

韓国では、漢字を廃してハングルだけで表記しようとしている。民族が生んだ文字への国粋的なこだわりともいえるが、その運動は相当に進んでいるようにみえる。一方、フランスの植民地化を経たベトナムでは、表記はすべてローマ字であり、チュノムや漢字は使わない。子規のいうとおりで、だからといってベトナム人がベトナム人でなくなったわけではない。同様に、日本語もひらがなだけで書く、あるいはローマ字で表記しても不便は感じない可能性があるのだ。

いずれの方向を選ぶにせよ、我々は日本語の表記についてもっとつきつめて考えてみる必要があるのではないだろうか。

あとがき

本書は、国文学研究資料館で推進している歴史的典籍NW事業と連動して行われている共同研究「表記の文化学——ひらがなとカタカナ」の成果の一部として刊行するものである。共同研究のメンバーは次のとおり。

代表　入口敦志　国文学研究資料館准教授
伊藤鉄也　国文学研究資料館教授
江本　裕　大妻女子大学名誉教授
金子祐樹　韓国・国立ハンバッ大学校客員教授
樹下文隆　神戸女子大学教授
権　妍秀　韓国・世明大学校教授
湯浅茂雄　実践女子大学教授

平成二十六年度から三年間の計画で、各メンバーに表記に関わる問題についての研究発表を行ってもらい、討議するというかたちで推進してきた。日本の古典籍を中心としたものであるが、漢字文化圏にあってハングルという固有文字を持ち、日本と似た状況に置かれてきた韓国との比較研究も重要と考えて、金子氏と権氏に参加をお願いした。

平成二十六年度は準備研究であったが、平成二十七年度からは科研費「日本古典籍における表記情報学の発展的研究」(基盤研究(A)研究代表者:今西祐一郎、JSPS科研費15H01875)の一つの班として位置づけられた。よって本書の刊行はその成果の一部でもある。

本書は入口の興味に随《したが》って著述したものである。カタカナとひらがなということで、その使い分けを考えていたのだが、漢字のことを抜きにしては意味がないと気がついた。また、表記は単に便宜として、漢字、カタカナ、ひらがなを選んで行われるのではなく、その背景にはさまざまな要因が介在していることも分かってきた。むしろ言語事象としてとらえるよりも、思想としてとらえたほうが妥当ではないかと考えるにいたった。そうでなければ、ある意味不便ともいえる表記法を使いつづけるといった不合理な面が説明できないのである。

その意図をどこまで達成し得たかは心許《こころもと》ないが、これまでにない視点を提供できたのではないかと思っている。あまりに広範囲の問題を扱ったため、考えのいたらないところ、あるいは無知による誤りなどあるかとは思われるが、問題提起として見ていただければ幸いである。

入口敦志

掲載図版一覧

図１　『ひらがな墨書土師器』　京都市埋蔵文化財研究所蔵　『京都を発掘！　出土品から見た歴史――京都市埋蔵文化財研究所発掘現場より』（京都新聞出版センター、2015年）による。

図２　『新撰万葉集』寛文七年版　国文学研究資料館蔵

図３　『古本平家物語』真名本　京都大学附属図書館蔵

図４　『平家物語』カタカナ古活字版　個人蔵

図５　『平家物語』ひらがな古活字版　国文学研究資料館蔵

図６　『平家物語』ローマ字天草本　大英図書館蔵　『平家物語　キリシタン版天草本』（亀井高孝編、吉川弘文館、1969年）による。

図７・８　『解体新書』　日本世論調査研究所発行の原本複製版による。

図９・10　『済民記』　研医会蔵

図11　『延寿撮要』古活字版　野中家烏犀圓蔵

図12・17　『延寿養生』整版横本　野中家烏犀圓蔵

図13　『延寿養生』古活字版　早稲田大学蔵

図14　『百万塔陀羅尼』　国文学研究資料館蔵

図15・16　『伊勢物語』嵯峨本　国文学研究資料館蔵鉄心斎文庫

図18　『中朝事実』山鹿素行自筆本　国文学研究資料館蔵山鹿文庫

図19　『土佐日記』山鹿素行筆写本　国文学研究資料館蔵山鹿文庫

図20　『貞観政要』伏見版　国立公文書館蔵

図21　『訓訳示蒙』　国文学研究資料館蔵

図22　『源氏物語玉の小櫛』　国文学研究資料館蔵

入口敦志（いりぐちあつし）
1962年、福岡県生まれ。九州大学大学院文学研究科博士課程退学。博士（文学）。現在、国文学研究資料館准教授。専攻、江戸時代前期の学芸の研究。著書に、『武家権力と文学——柳営連歌、『帝鑑図説』』（ぺりかん社、2013年）、論文に、「描かれた夢——吹き出し型の夢の誕生」（『夢見る日本文化のパラダイム』、法藏館、2015年）、「古活字版の黎明——相反する二つの面」（『アジア遊学』184号、2015年）、「日光東照宮正面唐門彫刻小考」（『大日光』84号、2014年）などがある。

ブックレット〈書物をひらく〉2
漢字・カタカナ・ひらがな——表記の思想

2016年12月16日　初版第1刷発行

著者　入口敦志
発行者　西田裕一
発行所　株式会社平凡社
〒101-0051　東京都千代田区神田神保町3-29
電話　03-3230-6580（編集）
03-3230-6573（営業）
振替　00180-0-29639
装丁　中山銀士
DTP　中山デザイン事務所（金子暁仁）
印刷　株式会社東京印書館
製本　大口製本印刷株式会社

ISBN978-4-582-36442-2
NDC分類番号811　A5判（21.0cm）　総ページ90

平凡社ホームページ　http://www.heibonsha.co.jp/

発刊の辞

これまで、限られた対象にしか開かれていなかった古典籍を、撮影して画像データベースを構築し、インターネット上で公開する。そして、古典籍を研究資源として活用したあらたな研究を国内外の研究者と共同で行い、新しい知見を発信する。これが、国文学研究資料館が平成二十六年より取り組んでいる、「日本語の歴史的典籍の国際共同研究ネットワーク構築計画」(歴史的典籍NW事業)である。そしてこの歴史的典籍NW事業の多くのプロジェクトから、日々、さまざまな研究成果が生まれている。

このブックレットは、そうした研究成果を発信する。「書物をひらく」というシリーズ名には、本を開いて過去の知をあらたに求める、という意味と、書物によるあらたな研究が拓かれてゆくという二つの意味をこめている。開かれた書物が、新しい問題を提起し、新しい思索をひらいてゆくことを願う。

書物は、開かれるのを待っている。書物とは過去知の宝蔵である。古い書物は、現代に生きる読者が、その宝蔵を押し開いて、あらためてその宝を発見し、取り出し、活用するのを待っている。過去の知であるだけではなく、いまを生きるものの知恵として開かれることを待っているのである。

そのための手引きをひろく読者に届けたい。手引きをしてくれるのは、古い書物を研究する人々である。

これまで、近代以前の書物——古典籍を研究に活用してきたのは、文学・歴史学など、人文系の限られた分野にほぼ限定されていた。くずし字で書かれた古典籍を読める人材や、古典籍を求め、扱う上で必要な情報が、人文系に偏っていたからである。しかし急激に進んだIT化により、研究をめぐる状況も一変した。現物に触れずとも、画像をインターネット上で見て、そこから情報を得ることができるようになった。